押田成人 遊行の巡礼者

宮本久雄
石井智恵美
［編］

日本キリスト教団出版局

溢るれば流るるなり、流れのひびきは有難きかな

押田成人

はじめに

東京から二時間ほど電車にゆられ、信州のとある駅にたどり着きました。こぢんまりとした駅舎を出て遠くを眺めると、峨々《がが》としてそびえる山々が目に入り、遠くには富士山も見えます。

駅の歩道橋を渡り、可憐に咲くコスモスの花を横目に見ながら道なりにいくと、雄大な八ヶ岳がだんだんとその姿をあらわしてきます。さらに、坂を登りつつ十五分くらいしばらく歩いていくと、高森草庵《そうあん》に着きました。

敷地の中には稲穂かがやく田んぼが広がり、茅葺き屋根の建物もいくつか見えます。母屋《おもや》らしき家に入ろうとしてインターホンを探しますが、ありません。「お邪魔します」と言ってなかに入ると、やさしい笑顔のおばあさんが迎えてくれました。部屋に入ると、薪《まき》ストーブと電球二つがあるだけで、エアコンやパソコンもありません。台所にはトースターや電子レンジさえありません。

一体どうして、決して便利とはいえないこのような昔ながらの生活をしているのでしょう?

部屋を見渡してみると、作務衣をまとったやさしそうなおじいさんの写真がかざってあります。三時になると、農作業をしていた人たちが母屋にきて、おやつを始めました。お茶をのみながら、その写真のおじいさんが押田成人《おしだしげと》という神父さんであることや、高森草庵はそのおじいさんが今から六十年前に始めたことなどを教えてくれます。そして、かつて押田さんが話していたこと、押田さんと一緒に田植えや稲刈りをしたときのこと、押田さんに叱られたときの話題などが、みんなの笑顔とともに花咲いていきます。

農作業をしていると、仕事終わりを告げる鐘の音が向こうから響いてきます。草花をやさしくなでてゆく風にいざなわれてふと空を見上げると、赤々とした夕焼けが山の峰を超えてどこまでも広がっています。

草庵のなかをすこし歩いてみると、奥にある林のようなところに何本かの木が立てられ、片隅にはお釈迦《しゃか》さまのような像が置かれています（135頁参照）。お墓なのでしょうか……？

夕の祈りの時間になり、ミサなどが行われるお聖堂《みどう》と呼ばれる場所にいくと、みんな静かに座りながら祈っています。静謐《せいひつ》な雰囲気のお聖堂の沈黙《しじま》が深まっていくのとともに、夜の帷《とばり》がおりはじめました。電気のないお聖堂では、あたたかく闇を照らすろうそくの光を頼りにみんなで息を合わせながら聖書の詩編を唱えます。

高森草庵のお聖堂

祈りを終えて、数え切れない星が輝く夜空をながめながら母屋に戻ると、夕食の時間です。お肉もお魚もない、ごくごく質素な野菜のおかずがならぶ食卓です。「このお米も野菜も草庵でとれたんですよ」とおばあさんが説明してくれます。

食事のあと、押田さんが出ていたテレビのドキュメンタリーを観ることになりました。観ていると、押田さんは「地下流がどうだ」とか「根を張る」とかいったことを話しています。農業や地質の話かと思ったものの、どうやら違うようです。わたしたちが生きてゆくために本当に大切なことや、そうした大切なものをどのように得るかといった話であるようです。

母屋にある書棚をみると、押田さんが書いた本が何冊か並んでいます。これを読めば、さきほど押田さんが言っていた「地下流」や「根を張る」といったことも少しわかるのかもしれません。

＊　＊　＊

この本では、押田さんが残したことばや押田さんを知っている人の話を頼りに、彼の生き方や考えていたこと、そして彼がわたしたちに訴えかけていることをともにたどります。そのことは、単に押田さんを知るということを超えて、わたしたちをより深い世界へといざなうことでしょう。

現代文明に呑みこまれていく世界、自己を正当化しながら暴力や戦争を行う勢力、権威をふりかざして世界や人々に分断をもたらそうとする働きに押田さんがどのように向き合ったのかを知ることは、今計り知れない苦しみや痛みに直面している人、人に知られることなく良心的な生き方をしている人、そして心の渇きを覚えながら深いものを求めて生きている人とわたしたちが共に歩むための道しるべとなることでしょう。

さあ、押田さんとともに、深みをさがしにいく旅に出かけましょう。

押田成人　遊行の巡礼者　＊目次

装幀・ロゴスデザイン　長尾　優

第1章　誕生からドミニコ会との出逢いまで

まず、押田さんがどのような少年時代・青年時代を送ったのかをたどってみましょう。

少年時代

押田成人神父（以下「押田さん」と書きます）は、今から百年ほど前、一九二二（大正十一）年一月十五日、父・忠一さんと母・よねさんの五男として、横浜・生麦《なまむぎ》に生まれました。仲の良い六人きょうだいの末っ子でした。すぐ上の兄であり医師であった芳郎《よしろう》さんとは特に親しく、おとなになってから病気になったときには度々芳郎さんを頼っていました。

父・忠一さんや母・よねさんのことを押田さんはこのように回想しています。


末っ子の私の目前の母は、文字通り、垂乳根《たらちね》の母であった。両方の乳が、長くぶらさがっていた。

私は母を見上げて言う。

「母ちゃん、オッパイ、みっともないねえ」

その私に、母はやさしい微笑みでこう答える。「お前たちが吸ったんだよ」

私はそこで思う。「母ちゃん、俺の言うこと、少しもわかっちゃいない」

私が、母のその微笑みと出会ったのは、もう還暦の頃、浄土真宗のお身調べの行に与《あずか》った時であった。悲しいかな、私は、その時はじめて、母のその微笑みが、観音様の微笑みであったことを知ったのである。

身調べの行　断食などをしつつ、仏にいただいた恵みに対する自己の反省や内省をする浄土真宗の一派の修行。現在の「内観」へとつながる。

……父は、私の幼い頃、よく散歩に連れていってくれた。そして、いつも何かを観察し、何かとかかわる、ことを教えてくれた。いつも質問をくり返した。決して答えを与えずに。

（「コト葉の深渕」『湧』一九九三年七／八月号、地湧社、6〜7頁）

母・よねさん（左）と押田さん

末っ子としてみんなに大切にされながら育った押田さんは、家庭でかけがえのない愛情や信頼を経験しました。人懐っこかったという押田さんの性格は、家庭においてそうした深い愛を味わうことによって人を信頼しているからこそのものだったのでしょう。

母・よねさんが愛情深い人であったことは、押田さんの文章からもよくうかがえます。後年、結核によって押田さんが療養生活を送ったときも、ずっとつきそいながらあたたかく真心のこもった看病を惜しまない母親でした。

一方、父・忠一さんによって、押田さんは大きく二つの習慣を身につけます。一つは、出来事や物事を深く観察して洞察し、自分の頭で考える習慣です。それは先ほど載せたエピソードや「おやじは私を——絶対に私に教えなかった。いつも学ばせていた」という押田さんのことばからもうかがえます。

もう一つは坐禅です。忠一さんは横浜の鶴見にある曹洞宗《そうとう》・総持寺《そうじ》の檀家であったこともあり、坐禅がそのなかに自然としみこんだ生活を送っていました。坐禅というと、悟りを得るために意志や決心をもってする修行という印象を受けます。しかし、そうした父親の影響を受けた押田さんにとって、坐禅とはご飯をいただくのと同じような生活の一部だったのです。そのことは次のことばからもわかります。

私の坐禅にしても、うちのおやじが、おい、坐ろうといって、小学生の時におやじと一緒に坐ったことなんかあったんですが、……箸を使って御飯を食べるように、さあ、静かに瞑想しようといって坐禅する。これは

曹洞宗
道元が中国から日本へ伝えた禅宗。悟りのために公案を用いる臨済宗とは異なり、坐禅、即悟りとして、ただひたすらに坐禅を行う「只管打坐《しかんたざ》」を重視。

もう生活の一部というか、存在の一部みたいなものでしたね。当然のこととして坐るわけですよね。（『遠いまなざし』地湧社、一九八三年、135〜136頁）

押田さんは非常に繊細な神経と独特な感性を兼ね備え、かつ「自分には小さい頃から大きな洞《ほら》の中に深く潜んでいるような感覚があった」と語っていたことからもわかるように、自分の深い部分が自らを超えた世界につながっていることを覚えていた少年でした。さらには、夜、星空を見てはそこに吸い込まれてしまうような不安と怖さを覚え、星空の向こうに何があるのかを考えて激しく泣くこともありました。

そうしたことを夢にまで見て、寝ながら泣いたときには、兄の芳郎さんが、寝ている押田さんのふとんに覆いかぶさり、「成人、大学には哲学というのがあるそうだから、そこに行って勉強しろ！」とよく叫んでいたといいます。

十歳のとき、押田さんは結核性胸膜炎にかかります。これが押田さんの生涯をとおしての同伴者となる病気との出逢いでした。

理科甲類第一學年三之組（四十名）

出身校	氏名	出身地
岩手黒澤尻中	千田富孝	岩手
第一神戸中	谷口良一	和歌山
府立五中	垣花秀武	東京
府立九中	松井光瑤	山口
府立五中	阿部公正	北海道
府立三中	川浪俊平	佐賀
府立一中	長谷川正	東京
神戸一中	加藤信幸	愛知
飯田中	佐々木義雄	長野
釧路中	小川雄一	北海道
早稲田中	間野浩太郎	福島
府立六中	西川喬	静岡
府立一中	荻田敬直	三重
府立五中	林成周	東京
第一神戸中	中村康治	石川
兵庫灘中	篠澤建次	福島
府立三中	伊藤満	東京
府立二中	菱伊二郎	東京
倉吉中	妻《サイ》藤達夫	鳥取
府立四中	國武道昭	福岡
神戸一中	綿貫鐵也	兵庫
巣鴨中	三浦逸朗	北海道
府立四中	鈴木三郎	大阪
大阪都島工業	獅子武雄	兵庫
府立一中	佐藤聰《トシ》博	東京
福岡明善中	細木繁郎	高知
府立三中	榎木雄二郎	東京
大阪北野中	福田嘉男	大阪
府立五中	玉井康勝	東京
岡山一中	土岐堅次	岡山
東京高師附中	小林勇	東京
府立一中	有原陸郎	熊本
呉一中	前野拓三	廣島
秋田大館中	館充	秋田
府立五中	三上一郎	東京
立教中	平井重久	栃木
福島白河中	長倉克男	福島
府立一中	渡邊隆司	新潟
府立一中	押田成人	東京
宇都宮中	渡邊雅夫	茨城

「1939年度旧制第一高等学校入学生名簿」より。最下段左から２人目に押田さんの名前が見える。一段目右から３人目には垣花秀武の名前も見える。

旧制第一高等学校時代

旧制府立一中（東京府立第一中学校。現・都立日比谷高校の前身）を卒業した後、押田さんは一九三九年四月、十七歳で旧制第一高等学校（以下、「一高」と書きます）理科甲類（数学物理系）に入学します。

一高は現在の東京大学教養学部等の前身となる学校であり、日本全国から優秀な人が集まって学ぶエリート校でした。実際、政治や研究といった分野に多くの優れた人材を一高は輩出しました。

一高時代、押田さんは二つの大きな出逢いをします。一つは友人との出逢い、そしてもう一つはキリスト教との出逢いです。

押田さんと同期で一高に入学した人には、物理学者となる垣花秀武《かきはなひでたけ》さんや科学哲学者となる大森荘蔵《おおもりしょうぞう》さんがいました。また、第二次世界大戦で学徒出陣した学生の遺稿が集められた『きけ、わだつみの声』にその言葉が遺されている中村徳郎《とくろう》さんや佐々木八郎さんは押田さんにとってかけがえのない友人でした。

旅行部の仲間たちと
（中央が押田さん）

押田さん、佐々木八郎さん、中村徳郎さんはみな旅行部（主に登山やスキーをする部活）に属し、一緒に登山をした仲間だったのです。

一高の歴史が綴《つづ》られている『向《こう》陵《りょう》誌』を見ると、一九三九年度の旅行部の新入生として「押田成人」「佐々木八郎」「中村徳郎」という名前が見られますし、一高の新聞である「向陵時報」（一九四〇年四月発行）には、この三人を含む五人が上高地合宿を行って西穂高に登頂したことが載っています。

中村さんは、愛読書であった『ドイツ戦歿学生の手紙』の最後のページに「初めて此《こ》の書を〔昭和〕十六年三月、押田兄と共に奥多摩の山行に伴侶とす」と自筆で書き入れています。また、佐々木八郎さんと押田さんとは、寮の自習室の同じ机で勉強する間柄でもありました。

全寮制であった一高では、全生徒が寝起きを共にし、教室での勉強のみならず、寮生活や運動をとおして自らを鍛錬することがその目標とされていました。しかし堅苦しい雰囲気だったわけではなく、寮のなかでは上級生・下級生、学年や年齢の差に関係なくあだ名で呼び合い、お互いに敬語を用いることもなく侃《かん》侃諤諤《かんがくがくがく》と議論を重ねたり、夜通し寮歌をうたったりといった日々が繰り広げられていました。その様子は押田さんのこのようなことばにもあらわれています。

私は戦争中一高で過ごしましたが、たとえ上のものに対しても言いたいことははっきりと言う先輩たちがおり、そういう人たちに出会ったのは大変ありがたかったと思います。他の学生たちもやはりそういう雰囲気を受け取っていました。

（「宗教の立場で語る南京虐殺」『湧』一九八八年八月号、5頁）

この記述からは、当時の一高が唯唯諾諾《いいだくだく》といったエリート集団であったわけではなく、学問的にも人格的にも自立した人物を培《つちか》う環境であったことがうかがえます。そうした環境における先生とのかかわりや友人関係のうちに、その思想的背景や相手の立場に関係なくきちんと自分の意見を言うあり方が、押田さんのなかに築かれていったのです。

　二つ目の出逢いは、キリスト教との出逢いです。一高時代、押田さんは「基督教青年会」というプロテスタントの信仰を学ぶ会に属し、週に一〜二回聖書や聖書ギリシャ語を学んだり、キリスト教関係の本を仲間と輪読しました。基督教青年会の記録ノートには、押田さんがキリスト教関係の洋書について発表したとの記録も残されています。

　かつて一高の基督教青年会には、のちに経済学者となる隅谷三喜男《すみやみきお》さんや哲学者・思想家となる吉満義彦《よしみつよしひこ》さんも属し、そこで聖書やキリスト教の学びを深めていました。

> 　僕の宗教の道へのみちびきというのは、私の人生そのものの道行きであって、思想的なものが先導したという感じではないですね。いつも思

隅谷三喜男
一九一六〜二〇〇三年。労働経済学を探究しつつ、成田空港問題等にも取り組む。

吉満義彦
一九〇四〜一九四五年。近代日本カトリックを代表するフランス系の思想家・哲学者。

想は後から来ていたという感じなんです。
これはまず最初、一高時代の友達との交わりの影響があったと思うんですが、当時一高ではカトリシズムか、コミュニズムかという思想が圧倒的でしたね。とにかくもうこの世界は行き詰まる、さあどちらだと。

（『押田成人著作選集1　深みとのめぐりあい』日本キリスト教団出版局、二〇二〇年〔以下「Ⅰ巻」〕、15頁）

また当時の一高には、カトリック研究会もありました。一九四一年からイエズス会士のヘルマン・ホイヴェルス神父（一八九〇～一九七七年）を指導司祭として迎えていたその研究会には、後に哲学・思想分野で活躍した井上忠さん、加藤信朗さん、今道友信さんといった人々が属し、ホイヴェルスさんの薫陶《くんとう》を受けていました。

イエズス会　十六世紀にイグナチオ・デ・ロヨラらによってつくられた、カトリックの男子修道会。日本宣教の父フランシスコ・ザビエルなどが属していた。

ホイヴェルスさんとの出逢い、受洗

一九四二年三月、押田さんは一高を卒業します。太平洋戦争下にあって、押田さんの一学年下の生徒たちは、学徒出陣の影響で半年繰り上げて卒業することとなります。多くの生徒が、自分も徴兵されて戦地に赴くという現実に直面していたのです。当然、押田さんにとってもそれは同じでした。

戦争の色濃い日々にあって、押田さんに大きな出来事が起こります。キリスト教の洗礼を受けることになったのです。押田さんはその出来事をこのように振り返ります。

フト、麴町の教会〔カトリック麴町教会〕の門をくぐる気になったんですね。そしてそこで出会った最初の神父がホイヴェルスという神父だったんです。この出会いが決定的だったんです。……彼と交わっているうちに、指導を受けているうちに、私の霊的な歩みというものが始まって、軍隊に入る前に死の準備のような形で洗礼を受けて、そして軍隊に入ったのです。

（Ⅰ巻、15頁）

すでに一高時代に聖書やキリスト教にはふれていたものの、このホイヴェルスさんとの出逢いが決定的な契機となって、一九四三年十月三十一日にカトリック麹町教会において押田さんは洗礼を受けます（堅信礼は、一九四五年十月十四日）。洗礼名（洗礼を受けるときに授かる名前）はアウグスティヌス、代父（洗礼を受ける人を信仰的に見守り、導く人）を務めたのは一高の先輩でもある吉満義彦、洗礼を授けたのはホイヴェルスさんでした。

ホイヴェルスさんについて押田さんは、「私の師です」「私が出会ったときには、おのずからに私自身よりも私になる人だったのです。……彼の周囲には、

アウグスティヌス　四〜五世紀ごろの神学者にして最大のラテン教父。『告白』などの本を残す。

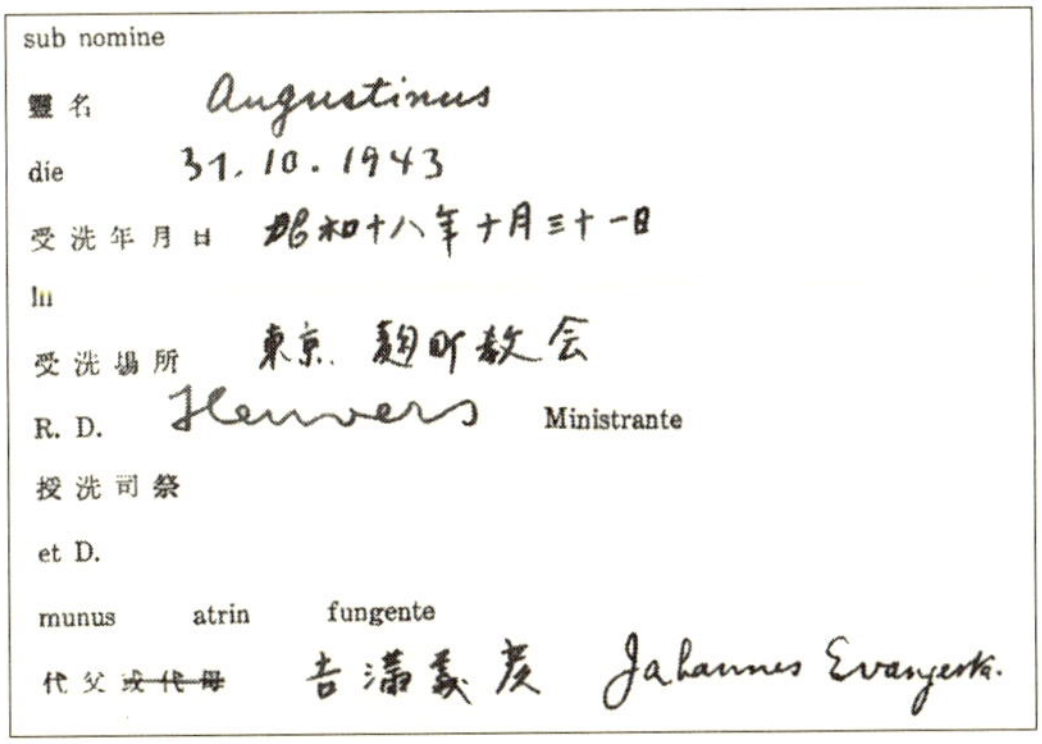
sub nomine
靈名　Augustinus
die　31. 10. 1943
受洗年月日　昭和十八年十月三十一日
In
受洗場所　東京 麹町教会
R. D.　Heuvers　Ministrante
授洗司祭
et D.
munus　atrin　fungente
代父 ~~或代母~~　吉満義彦　Johannes Evangelista.

押田さんの洗礼台帳の一部
（資料提供：カトリック麹町 聖イグナチオ教会）

いつも流れがありました。彼に向かって注いでゆく流れがありました。そしてホイヴェルス神父という存在は、疑いのない永遠の現実としてそこに在るかのごとくに思われました」とのことばを残しています。このことばからは、まさにホイヴェルスさんをとおして、存在をその深みから生かしめる流れ――後に「地下流」と押田さんに言わしめるもの――に出逢っていたことがわかります。

さらに押田さんは、ホイヴェルスさんが教会の畑で鍬《くわ》を打っている姿から「存在の優しい重さ」をしみじみと覚えたといいます。ことばはなくとも、そのあり方がズドーンと心の奥に落ちていったのでしょう。

このように、ホイヴェルスさんとの出逢いは、単なるキリスト教との出逢いを超えた決定的なものを押田さんに刻みつけ、その響きはその後もずっと彼のなかにありつづけたのです。

戦争体験

受洗してから一か月後、一九四三年十二月、二十一歳のときに押田さんは召集令状に応じます。しかし、軍人として戦争に行くことを悩まなかったわけではありません。戦争に行くべきかをホイヴェルスさんに相談しますが、「もう戦争は始まっている。だから、一人の軍人としてやってください」とのことばを受けて、軍隊に入ります。

軍隊に入ってからは、高射砲部隊、陸軍予備士官学校を経て暁《あかつき》部隊（陸軍船舶部隊）に属し、一九四五年八月に兵庫の甲子園にて敗戦を迎えます。兵役に服すなかでは、仲間が自分の代わりに亡くなるといった経験もしました。

戦時中に（前列が押田さん）

戦争における経験として押田さんの心に最も深く刻まれたのは、先にも名前を挙げた、一高時代の友人である中村徳郎と佐々木八郎の死でしょう。

中村徳郎さんは、一高を卒業して東京帝国大学理学部への入学を許可されるものの、軍事教練不合格のため不許可となり、大学の入学式当日に入隊します。軍事教練科目を中村さんが拒否してその単位を落としたため、大学入学の

軍事教練
当時の官立・公立の高等学校などで義務付けられていた、軍事全般を教える科目。陸軍現役将校がその指導にあたっていた。

資格を持たなかったのです。兵役に服した後も常に反戦の想いを持ち続けた中村さんは、一九四四年にレイテ島ドラグで戦死したとされています。

一九九一年にレイテ島パロ市に建てた戦争慰霊碑に押田さんが刻んだ「第二次世界大戦時レイテ島に散った　日本兵勇士の霊に合掌する」とのことばに中村徳郎が想われていることは、「私は（慰霊碑の）慰霊の言葉の最後に『一古兵』とだけ書いた。一古兵を代表しているのは中村だよ。摂理だね」（『あやもよう』一九九七年十一月号、子どもと生活文化協会発行、13頁）とのことばからもわかります。

レイテ島の慰霊碑

もう一人の友人である佐々木八郎は、一九四二年四月に東京帝国大学経済学部に入学して学びますが、翌年十二月に学徒出陣で入隊します。海軍に属して飛行専修予備学生となるものの、一九四五年四月に特攻隊員として沖縄海上にて戦死します。佐々木八郎について、押田さんはこのようなことばを残しています。

「友人達が、俺の生きざまを、心に憶えていてくれたら、それで十分なんだ」と言って、彼〔佐々木八郎〕は、特攻隊で死んで行った。

（『地下水の思想』新潮社、一九八六年、198頁）

彼〔佐々木八郎〕が、どういう風にして特攻隊作戦に参加したのか調べてみた。……将校が来て「次の特攻隊作戦にはこの中から二人出撃する。自分たちで選べ」。シーンとしている時彼は言ったんだろうな。「俺が行くよ」って。

（『あやもよう』一九九七年十一月号、13頁）

このように、戦争をとおして、特に一高時代の友人であった二人の死をとおして、押田さんに深い痛みが刻まれたのです。

哲学と司祭の道へ

戦争から戻った後、押田さんは一九四六年から東京大学文学部哲学科で学ぶようになります。元々理科専攻であった押田さんが哲学へと進路を変えたのは、本質的なものにかかわりたいとの気持ちによってでした。そして、戦争体験も彼を哲学へと向かわせた理由の一つでした。

戦争から帰ってきた時に、何かやっぱり本質的なものにかかわりたいという気持ちがありましてね。友達も、私の親友も、哲学へ行ってみないかと言ってくれて、理科へ帰らずに哲学へ入り直したわけです。……広島にすごい爆弾が落ちたという話を聞いた時に、大阪のあかつき部隊の本部にいたんですが、これは大変なことになった、これはおしまいだと思いましたね。そういう、広島の惨事なんかを聞いた時のそういう体験というのは、科学というものについても根本的に反省せざるを得ないものではないでしょうか。

（『遠いまなざし』、77頁）

召出し
神さまからの使命をいただくこと。特に、司祭や牧師、修道者になる場合を指すことが多い。

原子爆弾が広島と長崎に投下されたという出来事が、その当時自然科学が向かおうとしているものへの疑問を押田さんに植え付けたのです。

哲学科では、出隆《いでたかし》さん、池上鎌三《けんぞう》さんらから主にギリシャ哲学と近世の哲学を学びます。「出隆先生とは一つの出会いでしたね。人間の誠実さ、それも口先きの正直さじゃない、人生を生きることの正直さってものについて、いつも何か問いかけてくださる方です」と語るように、出隆さんとの間には、学問を超えた人と人としての人格的な深いかかわりがありました。

哲学を学ぶなか、ある時、押田さんは自分の歩みを報告しようとホイヴェルスさんを訪ねていきます。すると、押田さんの話をじっと聞いた後にホイヴェルスさんから、「あなたの召出《めしだ》しは確実です」「本当を言うとあなたは家庭生活にも修道生活にも適《あ》いません。修道生活をするには人間への郷愁が大きすぎます。家庭生活をするにはあなたの理想は深すぎます」と言われます（I巻、18

〜19頁)。

押田さんにとってその出来事は喜びとはならず、むしろ突然死刑宣告を受けた者のような気持ちであったといいます。「私は、世を捨てるということにおいて、特に一生永遠に子孫をもたないということ、これを受けとるのにすごく時間がかかった」ということばや、インタビューでの「恋愛なんかは、若いころなさいましたでしょう」との質問に「ああ……したっていえばしたね」と答えていることからもわかるように、押田さんにもあたたかい家庭を築くことを夢えがく青春がありました。

しかし「彼〔ホイヴェルスさん〕の存在の重さを知っていたから、その言葉をそのまま受けとったわけだ。〔一生永遠に子孫をもたないということも〕受けとり、全てを捨てて修道院に入った」とその当時の気持ちを語っています。

宮城県荒浜海岸での仮死体験

一九四八年八月、二十六歳の頃、ふたたび押田さんに大きな出来事が起こります。あちこちの修道院を訪ねながら自分の歩みを決めようとするなかで、仙台にあったドミニコ会の修道院を訪ねていたときのことです。宮城県の荒浜海岸に数人で遊びに行き、岸から荒波に飛び込んだあと波にのまれて溺れ、仮死状態となって引き上げられたのです。そのとき、一緒にいた仲間の三人は亡くなったといいます。

　ラサール会の修道士ジュールさん（井上ひさしの小説「握手」の主人公ルロイ修道士のモデルといわれる人）が必死にほどこした人工呼吸によって一命をとりとめます。しかし、肺壊《え》疽《そ》を発症した上に、結核の悪化にともなう度重なる喀血《かっけつ》によって重態が続き、ついには医者にも匙《さじ》を投げられ「あなたに使う薬をほかの患者のために使いたい」と言われるほどの状況となったのです。

　けれども、厳しくつらい療養生活のなかにも、こんな明るいエピソードが残されています。それは、ドミニコ会のある神父さんがお見舞いに訪れたときのことでした。「押田君、チョコレートだよ！」とお土産を差しだした瞬間、ガバっと飛び起き、大きな声で「ちょうだい！」と言って、押田さんは満面の笑

ドミニコ会
十三世紀にドミニコが創立したカトリックの修道会。トマス・アクィナスらを輩出。

ラサール会
十七世紀にJ・B・ド・ラサールが創立した男子修道会。正式名称「キリスト教学校修士会」。

みを浮かべた子どものように両手を差しだしたのです。その現場にいた人は、押田さんのその単純さと明るさに魅せられたといいます。

その後、友人が持ってきた薬によって押田さんは奇跡的に回復をとげます。この荒浜海岸での出来事により、その後一生続く闘病生活が決定的になりましたが、その闘病生活ははからずも、〝他の人に奉仕する〟という振る舞いすら〝自分の我〟に基づくものだったとの気付きを与えるなど、押田さんの生き方やあり方（霊性）を深めるものとなったのです。

そのことをあらわす一つのエピソードを、かつて押田さんは深々と語りました。それは、手術中に麻酔でもうろうとなっていたとき、自らのなかに蜘蛛《くも》の巣のように張りめぐらされている強い自我のなかでがんじがらめのとりこになっていることを感じた、というものでした。それ以来押田さんは、自分のなかに深く巣食う自我から浄《きよ》められるための歩みをすることが自分に課せられたことであると悟り、そのことを修行生活の中心にすえたといいます。

実際に押田さんは、自我から離れることを強く促しています。それがなければ、どんなによい行いをしても、どんなによい生き方をしても、空虚なものになってしまうからです。押田さんの「私は修行とはポケットに手を突っ込んで口笛を吹きながら自我の匂いから逃げていくことだということを思うようになった」という言葉もそのことをあらわしていると言えます。まさに「魔の手」は自我において働くことを知っていたからなのでしょう。

闘病生活のなかでは、「祈り」に関する気づきも与えられました。

みなさんもご存じのように、肺は呼吸をするのに不可欠な臓器です。息を吸うことによって鼻や口から入った空気が気管を通って肺にいき、そこから血液によって酸素が全身に行きわたります。肺が使えなければ呼吸ができず、生きることができなくなってしまいます。

私たちは普段無意識のうちに呼吸をしていますが、肺に重い病をかかえていた押田さんは、呼吸ができるかできないか、この息を吸えても次の息を吸うことが果たしてできるのかという現実にずっと直面していたのです。「私は寝たきりで、静かな息を、呼吸するかしないかという呼吸をずーっと続けていました」と書いているように、当時の押田さんにとっては、まさにひと呼吸ひと呼吸が命がけのことでした。

> 日本語では、いのりって言いますが、いのりのいは、いきっていうことのようです。つまり、深みからのいきに乗るもの、運ばれるもの、という意味でしょう。深みからのいきに運ばれる現実があるとき、それが、意識にひびきを与えると、祈りの言葉になるのでしょう。深みからのいきに運ばれる現実がなければ、本当の祈りはないのです。（Ⅰ巻、205頁）

祈りとは「息に乗るもの」、すなわち息に運ばれるものであるとの気づきは、息（呼吸）ができないという出来事に押田さん自身が直面して、「息」という事柄を深めたからこそであると言えるのです。

第2章　高森草庵に生きる

この章では、押田さんがドミニコ会に入ったのちに、高森草庵が開かれてゆくまでの歩みや高森草庵の生活、そのなかで押田さんが思いめぐらしていたことについて見てゆきましょう。

ドミニコ会入会からカナダ滞在、日本帰国まで

一九五一年ごろからドミニコ会における歩みを始めた押田さんは、その四年後の一九五五年四月三十日に仙台修道院において荘厳誓願《そうごんせいがん》を立て、晴れてドミニコ会の正式な会員となります。修道名は「ヴィンセンシオ・マリア」でした。

荘厳誓願
生涯にわたって、従順、清貧と貞潔を守って修道者として生きることを表す誓い。

ドミニコ会の正式名は「説教者兄弟会」（Ordo Fratrum Praedicatorum）といいます。ここでいわれる「説教」とは、単に聖書を解説する説教（ホミリア）と異なり、神のことばを受けた預言者のように、未来に向けて（prae）、時のしるしを洞察して語る（dicare）という性格をおびています。

事実、日々の会話でもミサにおける説教であっても、押田さんのことばが生涯にわたって未来を見据えた預言的な声や叫びであったことは、まさにドミニコ会士としてのあり方を生きていたことの証しでした。

ここで、そのころ押田さんが経験し、その後も彼に深い影響をずっと与えつづけたエピソードを二つほど紹介しましょう。

一つは、仙台の修道院長であったベルナール・タルトさんとの出逢いです。梅雨のうっとうしいある日のこと、押田さんがベランダに出ると、タルトさんが深い瞑想にのうちに散策している姿が見えました。「あっ、邪魔しちゃいけない」と思って扉を閉めて屋内に引っこもうとすると、「ここには、神さまとあなたしかいない！」という怒声がとんできたのです。自分に気を遣ってくれた押田さんのことを、どうしてタルトさんは怒鳴ったのでしょう……？

ドミニコ会が大切にしていることばに、「神とともに（cum Deo）」というものがあります。それは、ドミニコ会の精神を生きる人はどのようなときにも「神とともに」をいちばん大切にするよう求めるものです。

つまりタルトさんは、自分に遠慮して立ち去ろうとした押田さんに向かって「あなたは『神とともに』生きているはずならば、私のことをなぜ気づかうんだ。何を見ているんだ！　ここにいるのは神さまとあなただけなんだ!!」と激しく怒ったのでした。

二つ目のエピソードは、カナダにおける樵《きこり》との出逢いです。その樵は十二歳のときから原始林でずっと木を伐《き》り続けてきた人で、自分の名前を書くことがやっとの人でした。

あるとき、その樵と話すなかで押田さんは不思議な経験をします。それは、話している自分のことばが樵のなかにスーっと吸い込まれていき、彼の前ではおごり高ぶるということを思いつくことすらできなくなってしまうというものでした。
その経験を押田さんは次のように語っています。

カナダで出逢った樵

彼〔樵〕は、それはそれは腰の低い人でしたが、よくみる小さな謙遜とは全然別でした。その謙遜は力でいっぱいでした。……こういう人の前では、ただの理解のための言葉は言えなくなるんです。自分の存在の奥から涙のように、にじんできた言葉だけしかひびかなくなるんです。
（『押田成人著作選集2　世界の神秘伝承との交わり』日本キリスト教団出版局、二〇二〇年〔以下「Ⅱ巻」〕、51頁）

みなさんもすばらしい自然や出来事を目の前にしたとき、何かもうそれを説明することばなどいらない、ただただそれそのものを味わいたいという経験をしたことがあるかもしれません。押田さんは、樵をとおしてそうした「ことばを超えた出逢い」「それそのものが自分の奥深くにジーンと響く体験」をしたのでした。

カナダにおいて、押田さんは神学の学びとカナダ北部のエドワール湖畔にある療養所での静養とに日々を過ごしました。

当時の神学教育は、トマス・アクィナスが培《つちか》った神学を中心にしてなされました。西欧の哲学的な概念や言葉によって行われる教育に、押田さんは息苦しさや「何か違う」という深い痛みを覚えます。

そうしたあるとき、神学校（聖職者になるための神学教育を受ける学校）の校長先生によばれ、「あなたは自分が味わっているものに気づいているか？　それは神学において『味わいの光』と呼ぶものだ」と言われたのです。

そのことばに押田さんは、自分が今まで味わってきたもの——苦しい闘病生

トマス・アクィナス
一二二四頃〜一二七四年。中世ヨーロッパにおける最大の神学者の一人。ドミニコ会士。『神学大全』などの著作を残す。

叙階
カトリック教会において、助祭、司祭、司教に列せられること。

活や、ホイヴェルスさんやタルトさん、樵とのかかわりをとおして自分が経験したもの——がまさにそれであったことにハッと気づかされたといいます。
そして神学教育を修《おさ》めたのち、一九六一年四月八日にカトリックの司祭に叙《じょ》階《かい》されます。貧しい人とともに初ミサ（司祭になった人が初めて司式するミサ）をささげられたことが、押田さんにとっての何よりの喜びでした。

カナダからの帰国を間近に控えたとき、押田さんのそれからの歩みを象徴するような一つの出来事がありました。萩焼の巨匠である十一代坂高麗左衛門《さかこうらいざえもん》さんに、ミサで使うカリス（ぶどう酒を入れる器）を作ってほしいと依頼したのです。
当時のカトリック教会には、カリスは金メッキが施された金属

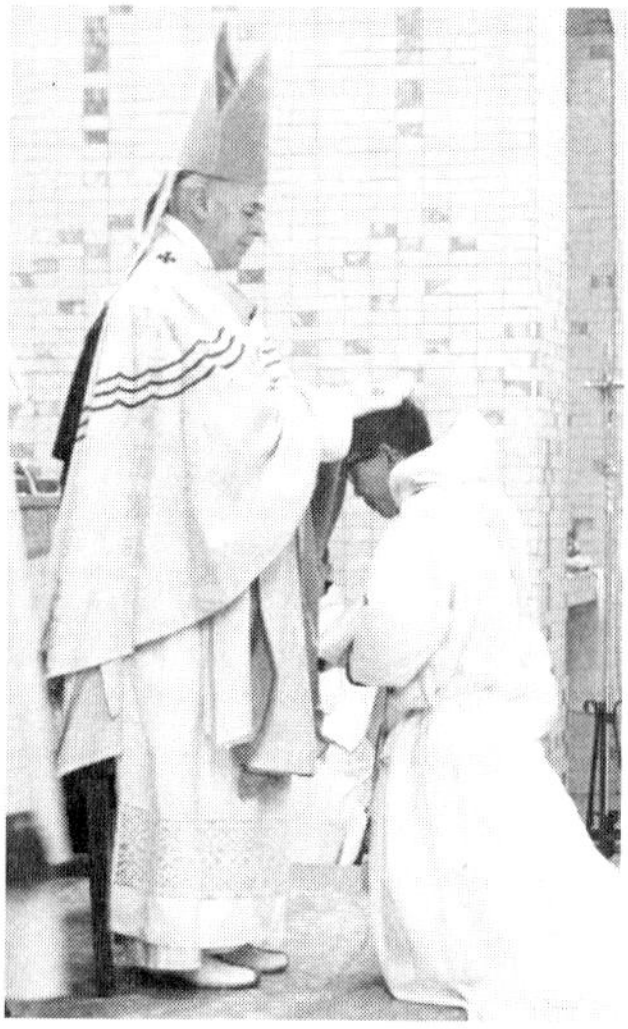
叙階式において（右が押田さん）

で作るようにとの決まりがありました。しかし、「メッキが剝《は》がれる」という言葉があるように、押田さんにとって金メッキとは、本当のものを隠すもの――嘘の象徴――にほかなりませんでした。

「本当のまごころというのはそんなものでは表せないんだ。日本人にとって本当のカリスがあるはずだ」――押田さんは、こころの奥から響いてくる声に従い、おのずからに規則をこえ、萩焼でカリスを作ってもらうことにしたのです。

金メッキのカリスが当たり前であったなかにあって、さすがにこの出来事は周囲の人に衝撃を与え、押田さんのやり方に疑問をいだいた親しい友人は去っていったといいます。「聖金曜日」と銘がつけられたその萩焼の茶碗には、梵鐘《ぼんしょう》の作家であり人間国宝であった香取正彦さんによる足が据えられました。後にカリスとして用いることが認められ、「聖金曜日」は高森草庵のミサで用いられることとなりました。

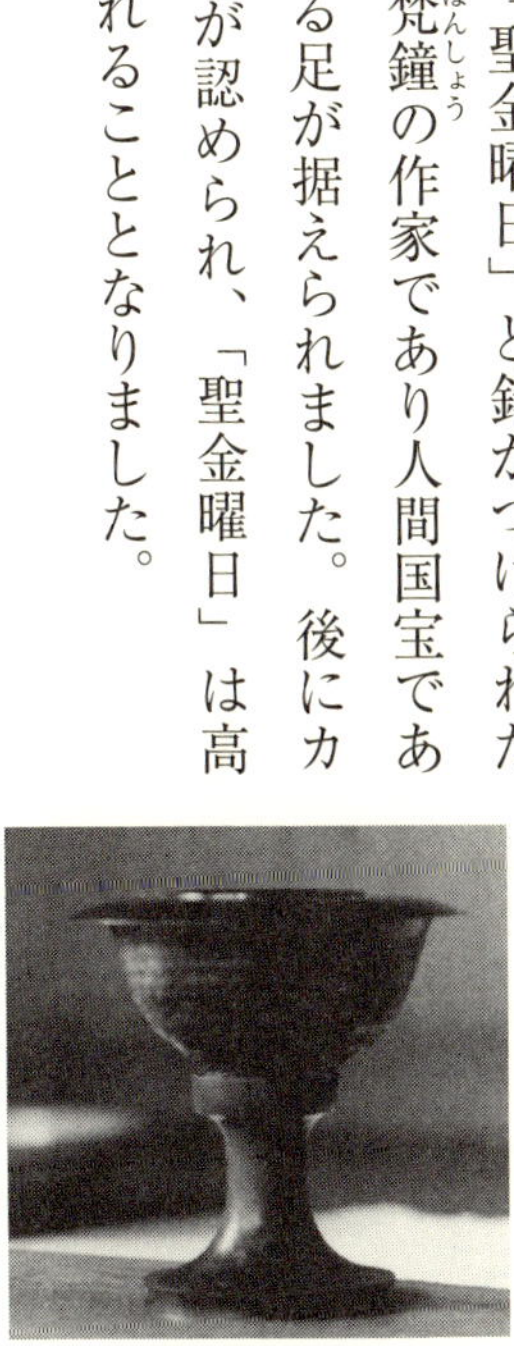

カリス「聖金曜日」

ロザリオ
小さな珠や結び目からなる祈りの道具。「主の祈り」や「アヴェ・マリア」という祈りを唱える。

高森草庵のはじまり——新しき村へ

一九六二年に帰国した翌年、押田さんは喀血の原因である肺の一部を切除する手術を受けた後、療養のため長野県富士見町の小池医院へ移りました。そこで高森草庵誕生をうながす三つの出逢いが生まれました。

一つは、療養所の仲間たちとのかかわり、すなわち「まどい」です。療養所においてともにロザリオの祈りをしていた仲間に洗礼を授けるなかで、洗礼記念に木を植えたい、その木を植える土地を探そうという声が出てきたのです。そうした声が次第に村に住むという現実となり、病後の社会復帰までの期間を送る人や貧しく小さな人々によって高森草庵というまどいがはじまりました。

二つ目は、富士見町の境地区にある大泉、小泉という泉や縄文文化との出逢いです。そのことは次のように語られています。

八ヶ岳南西麓、千メートルの標高に、沸々と地下流が湧出する泉があり、漂々と山麓を流れ去る。私がこの地に住むようになった主な縁の一つである。この水が縄文文化に直結しているということが、この縁を確かなものにした。

（『地下水の思想』、8頁）

水煙渦巻文深鉢（井戸尻考古館蔵）

八ヶ岳山麓には、数十年も前に降った雨が湧き水としてあふれでる場所がいくつもあります。それらは大地をうるおし縄文の時代から人々の生活を育ててきた生命《いのち》の水であり、大泉と小泉はまさにそれそのものでした。

同時に、縄文時代には非常に多くの人々が生活し行き交っていた場所である八ヶ岳山麓からは、縄文土器や土偶が多く発掘されます。高森草庵の近くにある井戸尻《いどじり》考古館にある有名な縄文土器「水煙渦巻文深鉢」などを見た、イギリスの有名な陶芸家バーナード・リーチは、あまりのすばらしさにへたりこみ「これは世界の宝ですよ」と言ったと伝えられています。

このように、信州の富士見町やその高森地区に泉や縄文の息づきがあったことが、押田さんに「ここだ」と思わせたのです。

三つ目は、土地との出逢いでした。現在高森草庵がある場所は、元来物捨て場として使われていたところでした。泉に近く、甲斐駒や八ヶ岳を天上に仰ぎ見ることのできる縄文の風光をたたえていたその土地は神さまに仕えるための場所だ、との深いうながしをうけた押田さんは、寄付されたお金でそこを購入しました。

しかしその土地は斜面であったため、整地が必要でした。そのころを知る人は、大変な作業をしてくれるブルドーザーの運転手さんに押田さんが茶と菓子のお盆を渡してご機嫌を取りながら「あそこはこうして、ここはこうして」とお願いごとをしていた姿が忘れられない、と語ります。

ようやく病状が落ち着き病院を退院した押田さんは、村にあった観音堂にしばらく住みます。そのころにはじめて田植えを経験し、自然や大地、そして日本に古くから根付いている文化への感覚を自ら身につけていったといいます。
それと同時に、解体した東京の病院の廃材を用いつつ、購入した高森の土地にお聖堂《みどう》と押田さんが住む家（槐庵《えんじゅ》）が建てられ、追って母屋なども建てられました。

そのころの高森草庵を知る方の思い出をご紹介しましょう。

一九六五年の夏のことです。東京の大学から学生たちが二十人ほど集まり、一週間ほどの合宿が高森草庵で二回行われました。その合宿の中心は、坐禅をすることと「初心庵」という庵《いおり》を建てることでした。

坐禅といっても、悟りをめざすものではなく、キリストと一体化していくための観想に導くとい

観音堂にて

経行
禅の修行のひとつ。禅堂やそのほかのところを静かに瞑想しながらゆっくりと歩くこと。

う押田さん独自の指導法によるものであり、一炷《いっちゅう》（線香が一本燃えつきる時間）坐った後に経行《きんひん》をし、また坐って経行をくり返す……という形で行われました。
初心庵を建てることも単なる労働ではなく、禅や祈りの動中の工夫（作業や掃除をとおしての行）でした。シャベルで丘をならし、土砂を手押し一輪車で運ぶという重労働をしながらも、呼吸やこころの向け方をとおして一人ひとりが神に向かっていたのです。

当時の高森草庵の生活はこのようなものでした。
朝六時頃からお聖堂で行われるミサにおいて、神にささげるこころがまえをしながら一日が始まります。ミサの後に朝食を食べ、農作業を中心とした労働をします。昼食をはさんでから、午後も五時ごろまで労働です。労働の後にお聖堂で夕の祈りが行われ、その最後には「サルヴェ・レジナ（「めでたし天の女王」という意味）」というカトリックに昔からある聖歌がうたわれます。そして夕食となり、夕食の後片づけが終わると、押田さんを囲んで聖書を読む集いが開

高森草庵のミサ

かれました。押田さんはユーモアをまじえながら聖書を語り、聞いているみんなを観想の深みに導いていったといいます。
また、目まぐるしい日々のなかにも、夕食後に連想ゲームをしたり歌をうたうなどして、たのしい時間をみなで過ごしていました。

このように高森草庵が培《つちか》われていく流れにあって、押田さんは一九七四年初秋に「高森草庵　覚え書」を草《そう》し、そのなかで「草庵の原則的ながめ」を示しました。高森草庵が大切にしていることが描かれていますので、ここに全文を引用しましょう。

草庵の原則的ながめ
十年間の歩みを通して、不変であった基本的なながめは、少しづつ明確に自覚されました。それは簡略に述べれば、次のようなものであります。

一　無所有。――何も持たない喜びが　常に生活の基本に在ること。共同体としても　この喜びを　かけがえのないもの　とすること。具体的に、銀行の預金について云えば、十人に対して、一人乃至《ないし》二人が　一ヶ月入院するに必要な費用と、翌年度の農業資金と最小限の布教資金にとどめること。それ以上は、直ちに社会善のために費やすこと。個人は常住にではなく、必要な都度、最小限の費用を　共同体から　もらうこと。一ヶ月以上滞在するものは自分の所有を放棄すること。

一　無選択。――常住者の立場から、この人は来てよい、この人は来ていけない　という選択をしないこと。

一　無計画。――長期の計画をつくって、それに執着する、という愚を止めること。その時、その時の必要に誠実に応えること。如何様にあるべきであったか　ということは、かく具体的必要に応えてゆくうちに見えてくるものであります。

一　無規則。――禁止規則を掲げること　を止めること。一人一人の自覚に待ち、その自発性を尊ぶこと。やる気のない者は、自然淘汰さるべきこと。一人一人の道を心から大切にする「お大切」の規則のみあること。すべての規則は、この規則の帰結であること。

これを読むと、「無我」すなわち、自分の意志や計画によってではなく、すべてをゆだねることの大切さが説かれていることがわかります。

かくれキリシタン　キリシタン禁教令が出された後も信仰を守った人々。また禁教令撤廃後も、独自の信仰の形を保ちながら継承している人々。

かくれキリシタンとの出逢い

ここで、押田さんとかくれキリシタンとの出逢いを、彼が残した「西の海から」というエッセイとともにふれておきましょう。押田さんがかくれキリシタンを大切にしたのは、そこに日本キリスト教の原点や故郷、そしてイエス・キ

改宗カトリック　かくれキリシタンであったが、明治時代になってカトリックになった人々。「潜伏キリシタン」ともいう。

リストのひとつの現れを観ていたからです。さらに、その出逢いは押田さんや高森草庵のあり方にも大きな影響を与えるものとなりました。

一九六二年にカナダから帰国して間もなく、押田さんは五島列島の福江島を訪れました。そこで、「女部屋」――福祉活動や教育活動をする女性信徒の奉仕団体――を前身とする聖婢姉妹会の人々や五島の村人や漁師と出逢うなかで、いわゆる西欧キリスト教臭さのない信仰や信徒たちにふれてほっとしたといいます。

その後、かくれキリシタンと現在のキリスト教とのかかわりをどうながめるかを目的として、再び五島列島を訪れます。五島列島の福江島を旅するなかで、押田さんはかくれキリシタンのまま生きている人と「改宗カトリック」の人がともに暮らす集落を訪れ、そこにもカトリックを現代に適応させようとする動き、つまりヨーロッパ的な組織の在り方やヨーロッパ的なモダンな教会を建てることの波が押し寄せていることを知ります。

福江島を訪ねた後、住民のほとんどがかくれキリシタンである生月《いきつき》におもむきます。そこではかくれキリシタンたちが拝んでいる「納戸の神」（主に、イエスや聖母マリアの絵）にめぐりあうものの、同時に、それを拝むかくれキリシタンたちが「キリストが神であるとは信じていない」との現実にも直面することとなります。

納戸の神

オラシヨ
キリシタンたちが唱えていた祈りであり、かくれキリシタンは今も唱えている。

かくれキリシタンがうたい継いできた「オラショ」は、高森草庵で大切にされてことあるごとにうたわれてきた「お水のうた」にもその響きを残しています。ここでは、その一部をご紹介しましょう。

お水のうた

お水いただきに参ろうよ参ろうよ
泉の水は天のお水よ

イエスの御名の祈り
「主イエス・キリスト、神の子、われを憐れみたまえ」という短いことばを繰り返し唱え

天のお水をいただきに参ろうよ
お水くださる天のお命よ

ジョアンさまには四〇〇年を
誰が泣くのかお水ばこぼれる
　――隠れキリシタンの殉教の現実と一つに流れている流れが
　　小泉の流れなのです――

同じお水が稲子ば育てる
稲子育てよ　おらが仲間よ

田植えするときゃおいらの手足
天のおやさまの手と足となる
　　……ハイハイ

る。東方キリスト教の伝統の祈り。

殉教者
自らのいのち（死）をもって信仰を証しした人々。

巡礼
イエス・キリストや聖人、殉教者などにちなむ場所に行き、祈りをささげること。

押田さんとかくれキリシタンとの出逢いはこの二回の旅にとどまらず、かくれキリシタンの集落があった長崎の野崎島やその近くにある小値賀《おぢか》島にまで広がっていきます。
押田さんとエルサレムで出逢ったスペインのエスタニスラウ・マリア・ヨパルト神父も、後にかくれキリシタンの息づきにふれたいと日本にやってきました。エスタニスラウ神父は押田さんの紹介で野崎島で自給自足に近い生活を営みながら、「イエスの御名の祈り」に沈潜して暮らしました。
今も高森草庵では、信州にあるかくれキリシタンや殉教者たちが生きた場所をたびたび巡礼《じゅんれい》しています。「お水のうた」をうたったり、巡礼で祈りをささげたりすることをとおして、二百五十年もの間信仰を受け継いできたかくれキリシタンたちの祈りや沈黙が、高森草庵の生活にもいまだ深い響きをもたらしているのです。

コトことば

最後に、押田さんがよく口にしていた「コトことば」にふれてみましょう。

このことばに初めて出逢うみなさんは、「コトことば」をどういったものだと思われるでしょうか？　それは、たとえば見たことのないすばらしい風景に出逢ったときにはどのようなことばを尽くしてもそれを言い表すことが難しいように、「コトことば」もその意味や定義を説明するのが非常に難しいものであると言えます。押田さん自身も「コトことばは、それ自体、表現はできません」と語っています。コトことば自体が説明を嫌いますし、解説をしたところでそれを語り尽くすことはできないからです。

そうした限界を覚えながらも、いくつかの観点からこの「コトことば」をながめていきましょう。


まず押田さんは、ことばを「オウムことば」「理念ことば」「コトことば」といくつかの段階にわけて説明します。

「オウムことば」とは、感覚や想像に基づくことばです。オウムに「こんにちは」と言ったら「こんにちは」と反射的に返事をするような、そうした次元におけることばです。

一方「理念ことば」は、日常生活や教育の現場で多く用いられることば、すなわち意識におけることばです。

学問においては、この「理念ことば」を用いてさまざまな現象を説明したり解説したりします。押田さん自身も講演や著書のなかでこの理念ことばを用いていますし、「(理念ことばは)コトことばの世界で洞察したことを、意識の表層でそれを自覚する場合に、一つの自覚の姿として用いられるということです。そして、その一番の役目としては、情緒とか幻想に流れている世界を切る時に、その理性的な強さってものが非常に役に立つ」(I巻、29頁)と語っています。理念ことばにはこのような有用さもありますが、その根底に「コトことば」がなければ、すなわちその理念ことばが存在の響きをとどめていないならば空しい、と押田さんは言います。

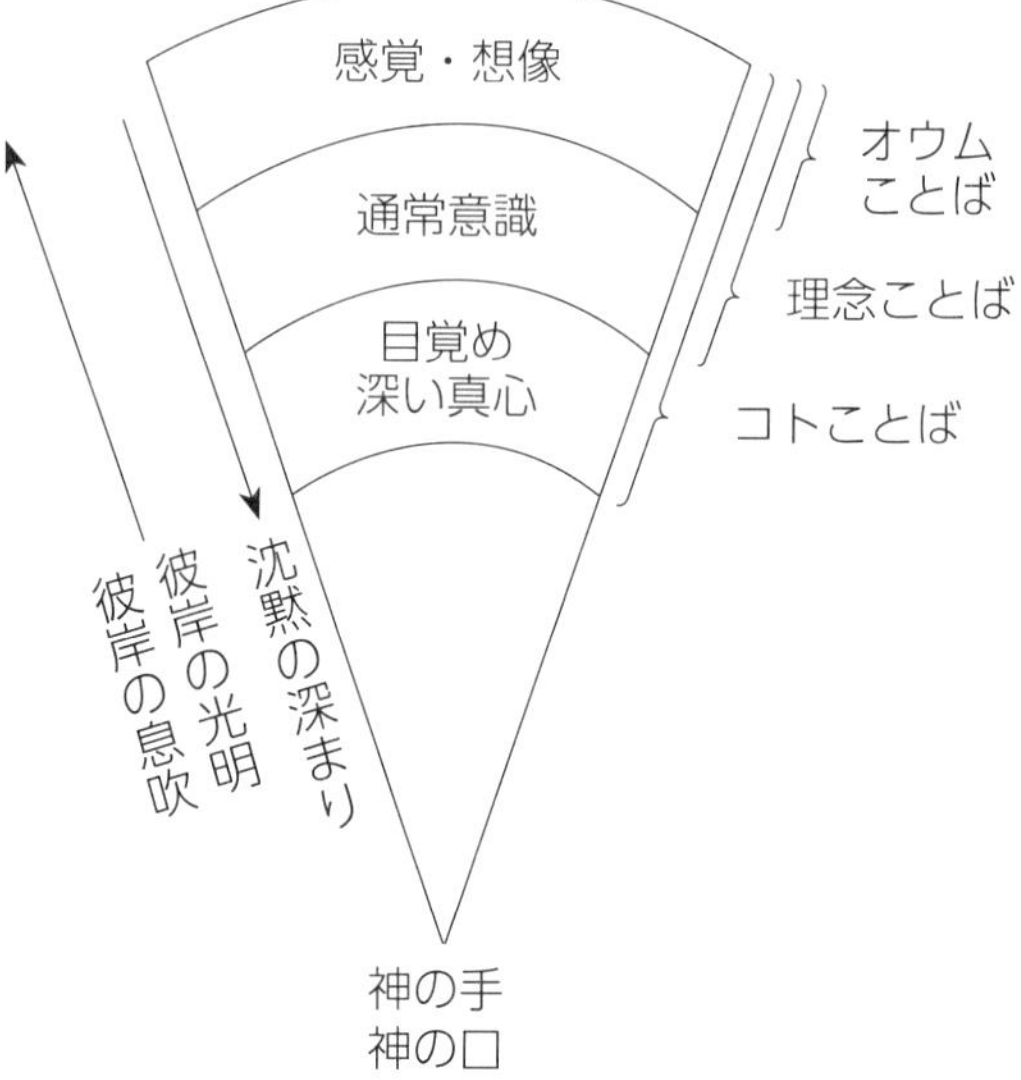

最後に「コトことば」です。コトことばの「コト」とは施《ほどこ》されてほぐされることだ、と押田さんは言います。例えば野に咲くうつくしい花をみると、ほっとして深く息をつくことがありますね。そのように「コトことば」とは、――ゆえに、逆に深い問いや憂いにわたしたちは放り出されることもありますが――わたしたちをひらき、より深い世界へといざなうものなのです。

コトことばを思いめぐらすときにヒントとなるのは、ヘブライ語の「ダーバール」ということばです。ヘブライ語のダーバールという単語は、「言葉」という意味と同時に「出来事」という意味も持っています。

旧約聖書の創世記の冒頭には「神は言われた。『光あれ。』こうして、光があった」ということばが出てきます。これは神さまが「光あれ」とのことばを言ったのと同時に、「光がある」という出来事が生じたことをあらわしています。このように、コトことばは「ことば」と「出来事」とが一体になっているもの、かけがえのないそのものの深みや響きをあらわすものなのです。

また「コトことば」の対極にあるものとして、押田さんは「にわとりの三本目の足」というものをかかげます。みなさんも知っているように、にわとりは二本足の動物です。そのにわとりの「三本目の足」とは、いったいどういうことなのでしょう？

押田さんはこのことを解き明かす際に「（にわとりの三本目の足とは）現実の響きを持たないで使う観念の言葉」「（現実にある二本の足に対して）抽象的に考えられたことば」だと述べます。

例えば「この森林を伐採して開発すれば幸せになれる」と誰かが言ったとし

ます。それを受けて「そうか、森林を伐採すれば自分たちは幸せになれるんだ」「幸せになるために森林を伐採して開発すればよいんだ」とだけ考えて行動しだすとき、森林を伐採することによってもたらされる弊害、たとえば土砂崩れが生じやすくなることや、開発時に使われる薬品や化学物質を含む水が垂《た》れ流しにされて大地が汚染されること等についてはまったく顧みられていません。「幸せ」とは何であるのかさえ考えられていません。

ただ、人間が頭のなかで描く「森林を伐採して開発すれば幸せになれる」との妄想《もうそう》ばかりが先立ってしまい、現実に生じることがまったく無視されてしまっているわけです。つまり、あたかも現実であるように見せかけながらも、実態がともなわない抽象的で「根無し草」なことばです。

このように、現実にはない妄想であるのに、それがあたかも正しい現実であるかのように思わせてひとり歩きしだす抽象的なもの、それこそが「にわとりの三本目の足」なのです。

最後に「手」とのかかわりからながめてみましょう。「コトことば」について述べるとき、押田さんは度々「手」についてもふれます。それはコトことばが「かかわり」という側面をもつものだからです。実際に押田さんは「言葉はかかわるものなのです。日本人の言葉で言えば手なんです」と言います。

「手」という日本語は、多くの意味を持っています。「その手があったか！」と言うときの「手」は手段や方法を示しますが、「良い相手だね」と言うときの「手」は自分がかかわり向き合っているその人を指しますね。聖書における「手」も、「神の手」がその力や存在、意志や働きなどをあらわすことからもわかるように、非常に広い事柄を意味することばとなっています。

つまり押田さんは、自分が深い次元でかかわっているものを「手」ということばから受け取り、その手と深く出逢うことが、本当のこと——まこと——を表す「コトことば」との出逢いでもあるととらえていたのです。

ここまで読んで、みなさんは「コトことば」についてどのようなものを思いめぐらしますか？　自分のこころの深くにあるものが自ずからことばになったもの、あるいはかかわりの深みをあらわすことばとはどういったものなのでしょう？

私たちの周りには、実際にはないのにあたかも事実であるかのようにして言いふらされる「ことば」があります。事実に基づかない「うわさ」もそうでしょうし、生成ＡＩが作り出す、あたかも現実にあるかのような映像もその一つでしょう。「コトことば」の響きがそのうちにないものは、虚構や幻想の世界を作り出し、かけがえのないかかわりを断絶してゆきます。

一人ひとりが「手に手をとって」、すなわち自分が出逢うものとのかけがえのないかかわりのうちに、どのようなことばをもって生きていくのか――押田さんは「コトことば」をとおして、わたしたちにそのことを問うているようです。

第3章　人々とのめぐりあいと九月会議

ここでは、押田さんにもたらされた国内外での出逢い、そしてそうした出逢いが結晶化されひとつの形として現れた「九月会議」をながめていきましょう。

I　国内でのめぐりあい

ここでは、押田さんが国内でどのような人々と出逢い、どのような響き合いがそこにもたらされたのかを、彼の文章やいろいろな方の思い出によってたどります。

宗教に流れる地下流――神秘伝承――との出逢い

押田さんはよく「地下流」ということばを用います（詳しくは、4章を見てください）。彼自身このことばをさまざまな意味で使いますが、多くの場合そこには「神秘伝承」――それぞれの宗教や信の根底に流れる本質的なもの（霊的生命）――という意味がこめられています。

押田さんがそうした地下流や神秘伝承を自覚したのは「地下流を汲《く》んで生きている人たちに出会ったとき」であり、仏教やヒンドゥーを生きる人、さまざまな人をとおして地下流との出逢いが彼にもたらされました。

仏教に流れる地下流との出逢いの一つは、高森草庵をはじめてから三年ほどした一九六七年に開かれた「禅とキリスト教懇談会」においてでした。禅宗の山田霊林さん、柴山全慶《しばやまぜんけい》さん、奈良康明さん、プロテスタントの有賀鐵太郎《てつたろう》さん、北森嘉蔵さん、関根正雄さん、そしてカトリックの神父であるデュモリンさん、愛宮真備《えのみやまきび》さんら、二十人以上の錚々《そうそう》たるメンバーが神奈川県の大磯に集まり、六日間にわたって行われました。その会は、宗教上の教えに関する議論を目的としたものではなく、「世界の宗教的指導者の真実なる心の交流」、すなわち「心と心のふれ合い」を願って開かれたものでした。

参加者の話を聞き一人ひとりふれ合うなかで、押田さんは、禅やプロテスタント、カトリックに流れるもの、すなわちそれぞれの宗教がいままで培《つちか》ってきたいきいきとした尊いもの（神秘伝承）に出逢ったのです。そのことが、仏教に流れる「地下流」というものを押田さんに自覚化させました。

そしてこの「禅とキリスト教懇談会」は、後に開かれる「九月会議」（98頁以下参照）のヴィジョンを押田さんに与え、ともに「九月会議」の発起人となる、鈴木格禅《かくぜん》さん、葛西實《かさいみのる》さんともこの会において出逢うことになるのです。

さらに押田さんは、ほかの機会にも仏教に流れる地下流に出逢います。

私は仏教についてはいくらかの本を読んだことがありますし、お経にも接したことがありますが、仏教は本当に神秘伝承だということを何か

学生運動
ベトナム戦争反対、授業料値上げ反対等の理由により、学生らが起こした運動。一九六〇年代後半の全共闘運動をさす場合が多い。

三位一体
父・子・聖霊の三つの格が

存在で把握していなかった。本当に仏様の命を生きているぼうさんに会った時に、ハッと気が付きました。この時には……仏教というのはやはり地下流だったんだなということに気づかせられました。
（「地下流との出会い」『福音と世界』一九八九年十一月号、新教出版社、23～24頁）

押田さんはお寺からも度々招かれ、仏教や般若心経の話をしたといいます。そうしたなかで起こった、まことの手に生かされる人との出逢いが、押田さんに地下流（神秘伝承）を自覚させていったのです。

高森草庵に集う人とのかかわり

押田さんは「人を育てるひと」でした。特に、若い人たちを育てました。一九七〇年代には、学生運動や安保闘争などに疲れた学生が数多く高森草庵にやってきました。押田さんは社会や自分自身に不安や疑問を覚えるそうした一人ひとりを迎えてよく語ったり、ともに音楽を聴いたりうたったり、踊ったたりしたといいます。
またドミニコ会の後輩たちには、ときに神学的なテーマも交えながら話をしました。

とある秋の日に、友人とともに押田さんに初めて出逢ったときのこと。こたつに入りながら押田さんは三位一体、つまりかかわりの大切さについて語り、自家製のぶどう酒をごちそうしてくださいました。そして草庵では、数息観《すそくかん》や随息観などを用いて私たちを導いてくださいました。労働中には「肉が食いてぇー」と悲鳴をあげたり、さびしがり屋でいたずら好きな子どもっぽい部分をよく見せては困らせてくださったのも、彼の何ともいえない魅力でした。

（宮本久雄さん）

このことばからは、押田さんがまるで授業のごとく三位一体や存在の神秘について語っていたのではなく、日常の出来事を通じてそれらの尊

一つの神であることを表すキリスト教の教え。

数息観／随息観
息の出入りに自然に意識を向けながら行う、禅における呼吸法。数息観は息を数えること、随息観は息の出入りを観ること。

カエタヌス　十五～十六世紀に生きた、イタリアのカトリック神学者。

さを伝えていたことがうかがえます。

水問題の裁判など非常に忙しい日々にもかかわらず、押田師は高森の共同体でカエタヌスのラテン語の「名辞のアナロギア」というテキストを使って、アナロギアの講義をしてくれました。おそらく、根にはプラトンやデカルトの観念論に対する批判があったのでしょうが、現代人の陥っている観念論に対する手厳しい批判を加えながらの、押田流アナロギアによる実在論の講義でした。

（原田雅樹さん）

原田さんのことばにある「アナロギア（類比）」は、「かけがえのなさ」という視点からも理解されます。例えば、一本いっぽんの稲はかけがえなく互いに異なり、どれとして同じものはありません、しかし、そのかけがえのない一本いっぽんはほかの稲を排除することなく、互いに似たいのちを生きることによって稲という一つの姿として立ち現れるのです。この〝「一」がすなわち「多」

である〟とのヴィジョンは稲にかぎらず、人間や宇宙の星々、蝶や蜂などの森羅万象すべての存在にもあてはまります。
自然にふれ、稲作をするなかで、押田さんのなかに「押田流アナロギア」が培われていき、一人ひとりがかけがえのない存在だからこそ一つのまどいをもってともに生きる高森の生活として、それが立ち現れていると言えます。

学生たちと（左端が押田さん）

また、水裁判（118頁以下参照）を闘っていた一九七九年五月から八一年三月ごろに高森草庵で暮らしていた方は、当時をこのように振り返っています。

草庵では神父さまのありのままの姿から各人が裸にならざるをえない状況があり、職業や社会的な立場を超えた裸の交わりは他にはない人間的な絆を深めてくれました。

神父さまの精神と心の在りかの深さと同時に、ご自分の弱さや矛盾した部分が露呈することもあり、その二面性が人間臭く私としては人としての懐かしさを強く感じるところでもあります。

草庵の貧しい食事に一度も不平を言われたことはありませんが、時におどけて「美味しいものが食べたいな」となんとも無邪気に言われることが印象に残っています。

基本的に人が好きな方でした。その人の存在の危うさのようなものや事に対しては関わりを深く持つ方でした。人だけでなく社会的な事柄に対しても同様でした。「水問題」への関わりが典型的な事だったと思います。

（山本安津子さん）

ここからは、押田さんがひとりの人間としての弱さや矛盾を抱えつつ歩んでいたこともうかがえます。

ジョンさんの子どもの洗礼式（左が押田さん）

一九七〇年代、高森草庵には海外の若者もよく訪れました。世界的にも変革を叫ぶ学生運動が巻き起こり、バックパッカーと呼ばれる若者たちがとにかく世界を知ろうと旅に出た時代でもあったからです。ここでは、そうしたなかから二人の方をご紹介しましょう。

一人目は、ジョン・ハミルトンさんです。ジョンさんがパートナーであるオードリーさんを通じて高森草庵を訪ねたのは一九七七年のことでした。オードリーさんは、インドのリシケシにあるシヴァナンダ・アシュラムで三週間のヨガのプログラムに参加したときに、高森草庵という場所が日本にあるということを聞き、その後ジョンさんと共に高森草庵を訪ねたのです。

その後、ジョンさんは縁あって日本の大学で教員として定年まで働きました。その間、郊外の地でミツバチを育て、はちみつや蜜蠟《みつろう》ろうそくを作ったりしつつ、高森草庵を度々訪れて農作業を手伝っていました。このご家族は、高森草庵の生活の中に西洋や東洋といったものを超えた、なにか命を生かす普遍的なものを見いだしたのでしょう。

このように、高森草庵における経験を今も自らの生活の中に生かしている海外の人々は、たくさんいます。

もう一人はシンディ・クレーンさんです。現在牧師であるシンディさんは、アメリカ福音ルーテル教会（ＥＬＣＡ）におけるアドボカシー（子どもや障害を持った人、性的マイノリティーなどの社会的少数者の代弁者として自治体の政策に声を届け働きかける仕事）部門を担い、その立場からウィスコンシン州の公共政策に働きかける仕事をしています。

彼女は一九七六〜七七年に交換留学生として上智大学で学んでいる時に高森草庵と出逢い、頻繁にリトリート（祈りや黙想をしながら静かにすごすこと）に訪れていました。シンディさんにとって高森草庵の生活は、さまざまな哲学を通じて人生を眺めるものに留まりませんでした。それは神秘と契ることを促すも

高森草庵の仲間とともに（前列左がシンディさん）

のであり、草庵での労働は、自分がまるで大地の一部になってしまうことを覚えさせるものだったのです。

高森草庵での田植えの折、押田さんは小さな苗に添えた指を田んぼの土に入れ、苗を植えてその指を引き抜きながら、シンディさんに言ったそうです。

「こうやって植えなさい。根が土になじむように」。そのことばを思い出しながら、シンディさんは「押田さんのことばは、神の恵みを受けて人生の正しい緊張感を探し求めることを教えているかのようでした。〝地球の一部となるように、このように生きなさい。神の平和の道具となるために、他者とこうかかわりなさい。自分の人生により良い次元をもたらすために、過ちを詫び、このように赦《ゆる》しなさい〟と語りかけてくれていると感じました」と語ります。

押田さんのそのことばは、今もシンディさんを励まし、さらに自分の抽象化された世界を打ち破るものとなっています。

さらにシンディさんは言います。「私は高森草庵が明確にキリスト教のアイデンティティを持ちながらも、共同体の誰も他宗教の人々をキリスト教徒にさせようとしないところが好きでした」。高森草庵では、そこに集う人にカトリックになることを求めないため、他の宗教の人々も自分の道を安心して深められる場となっていたのです。

仏教やムスリムの人、ヒンドゥーを生きる人など、世界中からさまざまな思想的・宗教的背景を持つゲストが高森にやってきたのは、その貧しくも素朴な生活のなかに輝いている美しさやまことにひきつけられたからなのでしょう。

そのほかの人々とのかかわり

押田さんは、高森草庵がある地域の人々との交わりを非常に重んじていました。草庵にもうけたお風呂に近隣のお年寄りを招いたり、近所でお葬式が出るとその受付をしたり、近くで田植えや稲刈りがあるときには手伝いに行ったりと、一人の村人として生き、村の人とよく語り合っていました。

また、旅先においても多く人と交わりました。その旅先の一つが、長崎県の五島列島近くにある小値賀島です。押田さんは、海が運ぶ風にのって度々小値賀島を訪れては、島の人々とともに食卓を囲み、話をしました。

今も小値賀島に住むお二人は、このような思い出を語ります。

押田神父の一言一言は何の抵抗もなく心に響きました。とにかく、あらゆる教えがなるほどと思うことばかりで、今でもその言葉を何かあるごとに味わっています。神父さんが「『神秘』とはありがたく味わうものだよ……」と語っていたのが、なんとなく神の存在を感じさせる言葉として心に残っています。

（横山弘蔵さん）

一九七四年秋のこと。神父さまに「小値賀に行かないか」と言われ、その翌日一枚の切符を渡されて、三人の隠遁者とともに小値賀島の隣にある野崎島の舟森に行きました。わたしはその出来事を、高森で神父さまがよく聞かせてくださった「お水のうた」にある「流れて行けよ」とのことばのあらわれとしてながめていました。自分のなかでさらさらと音を立てて流れる小泉の流れ、そして「お水」が流れ行く先は、わたしにとっては（小値賀の）青く清い海でした。

神父さまは〝集めること〟ではなく〝散らすこと〟を大切にされました。このわたしの道行きもそのひとつであるのかもしれません。（土川幸子さん）

さらに、押田さんの主治医でもあった長山直弘さんは、押田さんの洞察力に関するこのような印象的なエピソードを語ります。

二〇〇〇年頃、旧石器時代の石器が発見されたというニュースが日本中をかけめぐったときのことです。長山さん自身もその感動の渦に呑みこまれ、そのとき発見されたとされる旧石器時代の石器の写真と外国で発掘された旧石器時代の石器の写真とを押田さんに送りました。すると後日送られてきたお返事の手紙には「外国の遺跡から発掘された物の方はたぶん本物だろう、しかし日本の遺跡から発掘された物はおかしい」とありました。その後、その日本における旧石器時代の石器は捏造《ねつぞう》品であったことが暴かれます。

この出来事をとおして長山さんは「神父様の透明な洞察力に感服した」と告白しています。実に、押田さんが日々「ほんもの」に接しながら生きていたからこその洞察力だったのでしょう。

「ことば」をとおしての出逢い

押田さんは、ことばをとおして多くの人と出逢ったといえます。コトことばの部分でもふれたように、「ことば」は「言」であると同時に「事」としても理解することができます（59頁参照）。そのことを鑑みるならば、押田さんは話や書物（言）によって、そして高森草庵での生活や行い（事）によって、人々にコトの本質を伝えていったのです。

学校の講演にも度々呼ばれた押田さんは、中高生や大学生に向かっても語り

上智大学の講演会にて（右から２人目）

ました。残された講演テープを聞くと、最初は面白い話や歌をうたうことによって聞いている人を和ませながらだんだんと本質的な話をしてゆき、みんなを惹きつけていく様子がよくわかります。

実際にある方は、たまたま大学の講堂の扉を開けたら作務衣姿の押田さんが面白おかしい話をしていたので時間つぶしに少し聞こうと思ったものの、だんだんとその姿や話に惹きつけられてとうとう最後まで聞いてしまった、といいます。そうした「ことば」をとおしての魅力が押田さんにはありました。

さらに、『藍《あい》の水』や『孕《はら》みと音』をはじめとする書物を多く書き、随筆的なことばによってもコトの本質を伝えました。そうした働きは、まさにドミニコ会のモットー「観想の実りを人々に伝える」そのものでした。静謐《せいひつ》かつ清冽《せいれつ》なそのことばは、時を経た今も光を放っています。

II　海外でのめぐりあい

次に、海外において押田さんに与えられためぐりあいを振り返ってみましょう。

みなさんは、海外に行ったり、海外で人と交流をしたことがありますか？言葉も文化も習慣も違う人たちとかかわってコミュニケーションをとることは、思ったよりも大変なことです。ましてや心が通じ合える、というところまでゆくのはとても難しいことです。

押田さんは国内のみならず、海外を旅する人でした。その歩みを振り返ると、頻繁に、しかも、かなり多くの国を訪れていたことがわかります。インド、バングラデシュ、韓国、イスラエル、ドイツ、タイ、フランス、ガーナ……、実に二十を超える国を旅し、そこで出逢う人々と深い友情で結ばれていきました。

どうしてそのようなことができたのでしょうか？

第二バチカン公会議
一九六二〜六五年にバチカンで開かれた公会議。カトリックと諸宗教との対話等が進められた。

その一つには、押田さんが語学に堪能であったことがあげられます。押田さんは、英語やフランス語はもちろんのこと、一高時代にはドイツ語を、神学校時代にはラテン語、ギリシャ語、ヘブライ語といった古典語を学びました。そのため、海外に行っても普段の会話や本を読むのにも不自由しない語学力をもっていたのです。実際、彼が英語やフランス語で話している映像を見ると、まるで日本語を話しているようによどみなく語っていることがわかります。

二つ目は時代背景です。押田さんが海外との交わりを行った一九七〇〜九〇年代は、世界や社会にさまざまな変化が生じていたときでした。まず、二度の世界大戦や原爆投下、ホロコーストといった出来事、そしてアジア、アフリカ、ラテン・アメリカの植民地化といった悲劇を起こしたのが主にキリスト教主義国だったことへの深い反省が起こりました。

さらにカトリック内においても、一九六〇年代に行われた第二バチカン公会議を皮切りに、「カトリック教会のみが唯一絶対の真理をもっている」というそれまでの考え方から「他宗教もまた真理をもっており、対話のパートナーである」との理解へと移っていきました。それによって、他宗教との対話が盛んになっていった時期であったのです。

三つ目は、押田さんの人柄でしょう。押田さんの本や文章を読むだけでは、わたしたちは彼のことを「近寄りがたい聖人」のように思ってしまいます。しかし、押田さんに出逢った人々は、そのあたたかく素朴な人柄、親切、ユーモア、子どものような無邪気さ、品格のある立ち居振る舞いなどを印象深く語っています。

押田さんがもつことばには表しきれない魅力にみんな惹きつけられ、魅了されてしまうのです。

そして何より、押田さんと出逢った人は、彼からインスピレーションを得たり、彼をとおしてほんとうの自分や、かけがえのないものとの出逢いを経験し

ました。

　ここではそうした出逢いのいくつかをたどりながら、それが海外の多くの人や彼自身にどのような響きや出来事をもたらしたのかを見ていきたいと思います。

インドでのめぐりあい

　押田さんにとってインドでの出逢いは衝撃的なものであり、その後の歩みに大きな影響を与えました。そのきっかけをもたらしたのは、インドで宣教活動をするなかでヒンドゥーの根や深みに出逢った、聖公会司祭マレー・ロジャースさんでした。「禅とキリスト教懇談会」（64頁以下参照）で知り合った葛西實さんがマレーさんとともに高森草庵を訪れて押田さんを招いたことによって、押田さんはインドへ行くことになったのです。一九七〇年のことでした。

　そのマレーさんがインドで開いているジィオティニケタン・アシュラムへの招待を受け、翌一九七一年にインドに赴くことになります。そのとき、マレーさんをとおして、ベネディクト会の修道士でありながらヒンドゥーの修行者と

ベネディクト会
ベネディクトが定めた『戒律』を守る修道会。六世紀にベネディクトがモンテ・カッシーノに修道院を開いたことから始まる。

ラマナ・マハルシ
一八七九〜一九五〇年。ヒンドゥーの聖者。生涯を通じてアルナーチャラ山麓で修行生活を送った。

して生きているアビシクタナンダ（Abhishiktananda. 一九一〇〜七三年。フランス名アンリ・ド・ルソー）さんやヒンドゥーの行者ハリワンシュ・ラル・プーンジャ（H. W. L. Poonja. 一九一〇〜九七年。ラマナ・マハルシの弟子）さんと出逢うことになるのです。

プーンジャさんとラックナウで出逢ったときのことです。押田さんが「日本から参りました」と挨拶すると、プーンジャさんは「いいえ、それは不可能です」と言います。自分の英語が聞きづらかったかな、と思い、ゆっくりと大きな声でもう一度「日本から参りました（I came from Japan）」と言うと、今度はプーンジャさんも声を高めて「いいえ、それは不可能です！」と言ったのです。そのことばの意味を悟った押田さんはにっこり笑いました。

この出来事を押田さんはこのように振り返ります。

つまり行者の言葉はこういう意味でしょう。……永遠に根を張って、……「今」と「ここ」を超えて洞察するこの私、時間と場所によらず、この私が、この私であるところのものは、日本から来たりインドを去ったりすることはできません。物理的地理的条件においてのみ、私の肉体は日本から来たり、インドを去ったりするのですが、行者はそんな次元で私を見ていないし、そんな次元での私にも、そういう次元での所謂《いわゆる》世間的おしゃべりにも興味がない、というのでしょう。（Ⅱ巻、49頁）

すなわち、このプーンジャさんと押田さんは、肉体や時間、空間といった物理的な次元を超えたところでめぐりあい、かかわり、対話をしたのでした。このプーンジャさんとのめぐりあいをとおして味わった幸福は、カナダで出逢った樵とのめぐりあいを除いてほとんど経験したことがなかった、と押田さんは振り返っています。

さらにアビシクタナンダさんとのかかわりも、押田さんに深い影響を与えました。彼と話すなかで、押田さんはこのようなことを聞いたといいます。

「私はすばらしいヒンドゥを知っている。彼は同時に、キリストへの本当の信心をもっている。しかし彼が今のキリスト教の中に生きることはできないこともわかっている。だから、ヒンドゥにとどまりながら、キリストを愛するようにすすめている」

「私は一人のキリスト信者を知っている。彼は洗礼をうけて、キリスト教の生活を何年か送ったあとで、本物のヒンドゥに会った。突然、彼の内なるものがすべてあらわれてきた。そしてその内なるもの、伝承の中からキリストを見直した」

（Ⅱ巻、42頁）

これだけ読むと、「ヒンドゥーでありながらキリストを信じている？　クリスチャンでありながら、ヒンドゥーに生きる？　そんなことできるの？　おかしいんじゃない？」と思いませんか？

インドにて（左端がアビシクタナンダさん、右から2人目が押田さん、その左がマレー・ロジャースさん）

押田さんはよく自分のことを「私は、キリストにめぐりあった、仏教徒です」と表現します。もちろん、押田さんはキリスト教の洗礼を受けたクリスチャンです。しかし、キリスト教や仏教という枠組みはそれとして受け取りつつも、それぞれのうちに深い流れを見いだして出逢うなかで、キリスト教や仏教などの宗教を超えた次元における信をとらえていました。だからこそ、自らをそのように言い表したのでしょう。

あるとき押田さんは、林のなかでアビシクタナンダさんとともに大地にすわってミサをささげます。この経験は、押田さんにある変化をもたらしました。それまで高森草庵のお聖堂には高い祭壇があり、立って司祭がミサを立てていました。しかしインドでささげたミサをきっかけに、草庵におけるミサでも会衆と同様に座って司式するようになったのです（49頁の写真参照）。

アジアでのめぐりあい

次にアジア、主にフィリピンと中国、台湾でのめぐりあいを取り上げてみましょう。

坐禅や黙想を指導するために、押田さんは度々フィリピンに赴いていました。あるとき、人口の八〇%以上がイスラム教徒であるスールー島に行きます。当時、スールー島では紛争がおきており、さらにそこではイスラム教徒とキリスト教徒の間に一触即発の緊張がたかまっていたため、クリスチャンは殺されてもおかしくないような状況でした。

そうしたなかモスクに行き、礼拝に参加していると、あるイスラム教徒から「あなたは、キリスト教徒ですか」と問われます。「そうです」と答えると、その人は押田さんを抱きしめ、じっと抱きつづけそして言いました。「わたしたちは、兄弟です」。

さらに危険な場所を歩くなかで、そっと押田さんを見守りながら一緒に歩いていた少年に「あなたの宗教は、何ですか」と聞かれたとき、押田さんは答え

南京大虐殺紀念館（侵華日軍南京大屠殺遇難同胞紀念館）にて
（後列右から3人目が押田さん）

ます。

「私は、キリストにめぐりあった、仏教徒です」

先ほどもふれたように、宗教の枠を超えて押田さんは人々と深い次元で出逢っていたのです。

台湾を訪ねるなかでは、このようなことがありました。押田さんが戦争や原爆について話していたときのことです。一人の女性が立ち上がって押田さんが話している演壇に詰め寄り、「あんたにそんなことを言う権利はない。日本人はもっと残虐だ」と言ったのです。それまで行く先行く先であまり反日感情に出逢わなかったものの、その出来事によって、日本人や日本軍に蹂躙《じゅうりん》された人の本当の叫びに押田さんは出逢ったといいます。

南京大虐殺　南京事件とも言われる。一九三七年十二月に中国の南京市を占領した前後に、数か月にわたって多数の一般市民、捕虜、敗残兵等を虐殺した事件。

中国では南京大虐殺の記念館に行き、実際に大虐殺を経験しながら生き残った方に話を聞く経験をします。日本軍に連れていかれて穴を掘らされ、穴を掘ったら片っ端から首を斬られてそのなかに突き落とされた後、剣で体を刺されたという話でした。

それを聞き「その重い体験は、その人の存在に染み込んでいました。本当に。そして私たちの犯した原罪は、それはそれは深いものだと感じました」（「宗教の立場で語る南京虐殺」『湧』一九八八年八月号、6頁）と押田さんは振り返っています。

このように、台湾や中国での出逢いは、同じ東北アジアの隣人でありながらも侵攻して殺《あや》めた日本人としての痛み、そしてその出来事が逆照する自分の罪深さに直面する旅でもあったのです。

アメリカでのめぐりあい

アメリカにおける出逢いとして特筆すべきは、ハンガリー出身の版画家ヨゼフ・ドミヤンさんとのめぐりあいでしょう。

一九七五年　押田さんはアメリカを旅行している最中に一人の人に出逢います。森の中での結婚式を頼まれ、その場所に向かって歩いていたときに、後ろからいきなり呼び止められたのです。押田さんを呼び止めたその人が、ヨゼフ・ドミヤンさんでした。

彼は、中国において百年に一度版画家に与えられる賞を受賞したほどの大家でした。ハンガリー動乱のために家族をすべて殺されてアメリカに亡命し、芸術家として成功していながらも、異国の地で孤独な日々を過ごしていました。

しばらく話した後、「どうして私を呼び

ドミヤンさん(左)と押田さん(右)

止める気になったのですか？」と押田さんが尋ねると、ドミヤンさんは「どうしてか知りません。あなたが歩いているのを見ていて、どうしても引き止めなければならないというふうに、胸の奥から強制されたんです」と答えました。押田さんは、ドミヤンさんが自分より深く自分自身に出逢っていることをひしひしと感じ取ったといいます。

ドミヤンさんのアトリエを二度目に訪ねたとき、押田さんは「白い鹿」に出逢います。それは、ハンガリー建国の物語に登場する白い鹿を表したものでした。その版画に、まさにいのちの曼陀羅ともいえるような世界を押田さんは感じ取り、「この鹿を、日本に連れて帰りたい」と言います。

「白い鹿」の版画

この出来事によって、ドミヤンさんの版画と押田さんの詩からなる詩画集『白い鹿』（日本キリスト教団出版局、二〇一五年〔復刻版〕）が誕生します。白い鹿が変容してゆく様を描きだす版画は、まさにわたしたちの魂が大いなるものからのいざないによって変容してゆく様子をも描き出しています。

ヨーロッパでのめぐりあい

最後に、ヨーロッパにおける押田さんの出逢いについてたどってみましょう。押田さんは一九七〇年代にヨーロッパを訪ねますが、それは欧米における若い求道者の養成について確かめるためでした。

先にふれた第二バチカン公会議の後、ヨーロッパ中心主義が崩れてゆき、「キリスト教こそが真理をもっている」とのキリスト教の価値観が変容するなかにあって、「キリスト教とは何か?」「キリストの救いに与るのはクリスチャンだけなのか?」「何を指針に生きてゆけばよいのか……?」といった不安や疑問がヨーロッパを覆っていたのです。

それは、一九七二年に押田さんがフランスのテゼ共同体で出逢ったブラザー・ロジェのことばにもよく表れ出ています。

テゼ共同体
ブラザー・ロジェが中心となって、フランスのテゼという村に開いた、キリスト教の教派を超えた共同体。

海外の若者たちとともに

それは真摯な告白でした。

「ヨーロッパの教会の苦悶は筆舌につくしがたいものがあります。到るところで苦しんでいます。時々、人々は井戸を掘ったと思うのです。しかし水がないのです。もう私も年老いました」

（『孕みと音』地湧社、一九七六年、145頁）

ヨーロッパのキリスト教に一種の失望を覚え、新たな突破口を求めた人々は、インドのヨガや日本の禅へと目を向けていきます。

ドミニコ会士のクリス神父が一九七九年、オランダに禅のグループを開いたのも、ちょうどそうした時期でした。押田さんはそのグループに坐禅を教えることになります。

ここで、カトリックの神父である押田さんがなぜ自ら坐禅を行い、それを教えていたのかについてもふれておきましょう。押田さんは自らが坐禅を行うことについてこのように語っています。

禅とは禅那の略。禅那とはサンスクリットのディアナの音訳(禅那はキリスト教で観想といいます)。私にとってそれは本来鳥とぶようすが、花咲くようすが、人のほほえみ、泣くようすが、ことごとに、神的光の中に神的光をながめる生活のことであって、きわめて広く、きわめて深く、ただ一つの姿勢や一つの外的修行形態と、必然的に結びつくようなものではないのです。(『押田成人著作選集3 いのちの流れのひびきあい』日本キリスト教団出版局、二〇二〇年〔以下「Ⅲ巻」〕、84頁)

このように、押田さんにとって禅とはすべての宗教の深みに通ずるものであり、日本人のキリスト者としてより深くキリストに出逢ってゆくための一つの道、さらには自分の「我」を打ち破るための命がけの行でもありました。そうした彼の姿が、苦悩する欧米の教会に連なるキリスト者たちにも響いたのでしょう。クリス神父がはじめた禅のグループは、後に「禅堂　押田」という名前となります。彼らはこのように押田さんを回想しています。

押田神父はとても素朴で、気さくで優しく、また朗らかで存在感があり、霊的センスが強い人でした。

彼は言いました。「最も重要なのは知性ではなく、ほかの人々や人生との関わり、そしてその責任を受け入れること……、熟考なくして行動なし。行動なくして熟考なし」。

……彼の希望で風車を見学したとき、頑丈な木造建築に感心しながら、ハンドルを動かして巨大な風車を回転させ

風車とともに

ると、彼は子どものように喜んでいました。

また、押田さんが度々訪れたスイスのグランシャン共同体の方は、このように押田さんについて語ります。

　私にとって押田神父は、神の子であることの喜び、単純さ、自由さを生きたイメージとして表す人でした。

　……キリスト教や教会の枠にとらわれず、仏教、神道はもちろんのこと、それ以外（ユダヤ教徒、イスラム教徒）の場でも、神のいのちがどこにあろうとも、彼はそのいのちに満ち溢れていました。

　彼自身というより、彼のなかにいるキリストに出逢ったことに感動しました。彼の中のイエスのまなざしが、私の心を震わせたのです。

ここまで、いろいろな国や地域における押田さんのめぐりあいをたどってき

グランシャン共同体　スイスにある、プロテスタントの流れのなかにある女子修道会。

トマス・マートン　一九一五～六八年。アメリカのトラピ

スト修道士。自叙伝『七重の山』をはじめとする多くの霊的著作を残す。

ました。上にあげた以外にも、タイでの国際会議におけるトマス・マートンとの出逢い、アフリカでの出逢い、アラブ人とユダヤ人の間に友情をもたらしてほしいと呼ばれたイスラエルでの出逢い、バングラデシュでの出逢い……、書ききれないほどの出逢いがありました。

　その働きからは、東洋と西洋の霊的交わりの指導者としての姿、和解や平和活動のために働く姿、他宗教と交流する姿……といったさまざまな押田さんの姿が見いだされます。また、押田さんによって心身の癒やしを実際に受けた人もいました。

バングラデシュにて（左端が押田さん）

　行く先々で押田さんは、ヒンドゥー、イスラム教徒、ユダヤ教徒、キリスト教徒など、さまざまな信仰に生きる人々と出逢っています。押田さんは宗教や民族といった次元ではなく、もっと深い次元、本当ならばことばもいらない次元でいろいろな人と出逢っていました。

わたしたちは「同じ文化に生きているから」「同じ宗教を信じているから」といった理由でその相手とかかわることが多くあります。もちろんそのことも大切です。でも押田さんは〝その相手と本当にかかわれるのは、文化や宗教、民族といったことを超えたところだ〟とその姿をもってわたしたちに示しているようです。

押田さんが人々と出逢っていた次元を知るための一つのキーワードは「地下流」でしょう（詳しくは4章を見てください）。自分自身を深く掘り下げることで、一人ひとりが生かされている流れに出逢う、と押田さんは言います。まさにそうした次元で押田さんはいろいろな人と出逢ったのです。

Ⅲ　九月会議

ここでは、これまでながめてきた押田さんと多くの人々との出逢いがもたらした大きな実りとも言える「九月会議」を見ていきましょう。

九月会議にて

みなさんは「九月会議」と聞いたとき、どんな会議を思い浮かべるでしょうか？「九月会議というんだから、きっと九月に開かれた会議……？」その通り！これからたどっていくこの集まりは、九月に行われたことから「九月会議」という名前で呼ばれています。

この九月会議にはいくつかの珍しい点がありました。普通「会議」では、ある決まった課題や問題をみんなで話し合ったり議論したりして、具体的な解決法や方針を決めます。さまざまな国から多くの人が集まる国際会議であれば、みんなが集まりやすい都会にある快適で設備が整った会議室で行われることが多いでしょう。

しかし、九月会議は会議のテーマを設定してその問題を議論したり、議論されたテーマに対する共同声明等を出したりはしませんでした。さらには、生活するために必要な最小限のものや設備しかなく、しかも東京から二時間以上離れたところにある、信州の高森草庵で開かれました。

なぜそのような不便な場所で開かれたのでしょうか。その問いに押田さんは、会議が開かれる場所として「〔高森草庵以外の〕余地はなかったでしょう。……お命の根を生きようとしているという場だから、……そういう場においてしなければ、何か雑音が入ってしまう」（『九月会議』思草庵、一九八四年、186〜187頁）と述べています。

実際、参加した人々がのこした「〔九月会議〕は物的にも精神的にも、高森という存在をぬいては理解できないのではないか」ということばからも、自然と祈り、沈黙の豊かさにあふれる高森草庵でこの集いが開かれたことの意味や必然性がうかがえます。

九月会議とは？

「九月会議」は、一九八一年九月二十三日から三十日の一週間にわたり、高森草庵で開かれました。押田さんをはじめ、クリスチャンとしてインドやヒンドゥーの研究をしていた葛西實さん、そして、曹洞宗のお坊さんである鈴木格禅さんがその発起人でした。

九月会議を催した動機について、押田さんは「この会議は何かやりたいと思って組織したのではありません。何か知られざる彼岸からの声によって起こったでき事であります」（『九月会議』、33頁）、「どうしても緊急に、宗教界の責任ある立場の人々が集まらなければならない、ということが、皆を通しても、はっきりした声として出てきた」（同、183～184頁）と述べています。まさに、心の深くから響いてくる良心の声がこの集いをもたらしたのです。

インド、バングラデシュ、韓国、アメリカなど、世界各国から四十人もの人々が高森草庵に集いました。参加者は、ヒンドゥー、仏教徒、禅僧、クリスチャンと信仰の背景も多様でした。その多くは「宗教者」や「精神指導者」と呼ばれる人々でしたが、単に宗教組織のなかの偉い人であったというわけでは

サルボダヤ運動
「サルボダヤ」とは、「すべての目覚め」を意味する。ガンジーの思想に基づく、

ありません。

押田さんの「〔九月会議は〕著名人をかり集めての、いわゆる『国際平和会議』という如きものでは決してなく、平素かくれて、人類の苦しみを真に生き身に運んでいる底《てい》の人々の集まり」（『九月会議』、14頁）でした。

「国際会議に慣れてる人とか、ということじゃなしに、本当に、今の、この苦しんでいる人達の苦しみを運んでいる人達、それから、人類の危機というようなことを、観念じゃなしに、自分の生き身で、それをはっきり受け取っているような人達。……出会った人達の中で本当に出会った、そういう人達を選んだわけですね」（同、184頁）ということばからも分かるように、現代文明によって傷ついた世界や苦しむ人々の声や叫びに共苦し、彼らのために働く人々が集った会議だったのです。

九月会議に集った人々

実際に、九月会議に集った人のなかから三人の参加者を取り上げてご紹介し

民衆による草の根運動。

ましょう。
一人目はインドから来た、ナラヤン・デサイさんです。デサイさんの父親が、インド独立の父として知られるガンジー（一八六九～一九四八年）と常に活動を共にしていたため、デサイさんは、ガンジーのアシュラムで生まれました。そしてガンジーの近くでその影響を受けながら成長し、九月会議が開かれた当初は非暴力運動、無抵抗社会運動、サルボダヤ運動で中心的役割を担っていた人でした。

デサイさん

マハテロさん

二人目は、バングラデシュから来た、ヴィシュダナンダ・マハテロさんです。ムスリムが多くを占めるバングラデシュにあってマハテロさんは仏教徒であり、かつバングラデシュの仏教界を代表する人物でした。

マハテロさんは、主に二つの大きな働きをしました。一つは、親のいない子どもたちのための施設を作り、自分の子どものように育てるということ、もう一つは、一九七一年にバングラデシュがパキスタンから独立する際に大きな役割を果たしたということです。それは決して政治的な側面からではなく、心から心へ思いを伝えるという仕方によってでした。
そして三人目は、韓国から来た咸錫憲《ハムソクホン》さんです。「韓国のガンジー」と呼ばれる咸錫憲さんは、クエーカー教徒でした。大学教育を日本で受け、内村鑑三の影響を受けた後に韓国に帰国し、後に「シアル思想」と呼ばれるものを探究しました。軍事政権下にあった韓国で民主化運動が起きたときも積極的にかかわり、人々の精神的支柱となった人物でした。
いま挙げた三人のほかにも、マレー・ロジャースさん、スー族出身のネイティブ・アメリカンの精神指導者であるウォレス・ブラックエルクさん、かつて第二次世界大戦中はB29戦闘機の搭乗員であったものの戦後日本人に出逢い、衝撃を受けて修道院に入ったジェイムズ・キャンベルさんといった人が世界から集まりました。

シアル思想
咸錫憲が展開し、韓国の民衆神学の先がけとなった思想。「シ」は「種」、「アル」は「粒」を、「シアル」は「民」を意味する。

民主化運動
軍事政権に対して、市民や学生が民主化を求めた運動。なかでも「四月革命」「光州事件」が有名。

日本国内からは、一高の基督教青年会の先輩であり押田さんのよき協力者であった、日本の少年法の第一人者である弁護士森田宗一《そういち》さん、原子物理学者を志しながら突如禅の世界に入って托鉢をしながら生きていた村上光照《こうしょう》さんといった人々が集まりました。

なかには政治的理由によって日本に入国できるか危ぶまれた人、あるいは参加できなかった人もいました。押田さんの「この会〈九月会議〉は、生命がけで生きて来た人だけがいる、ということだけではなしに、この会議自身が、何か生命がけで行なわれていることを自覚しましょう」とのことばからも分かるように、九月会議はいのちがけの想いで集った人によって作り上げられたものだったのです。

九月会議という出来事

ここでは実際九月会議においてどのようなことが行われたか、あるいはどのような出来事が起こったのかをたどってみましょう。

九月会議では、自分が置かれている場において感じている危機を参加者一人ひとりが語り、それを他の参加者とわかちあうということがなされました。すなわち、特に現代文明や科学技術の暴走によって、人がもっている「根」――それによってわたしたちが生かされている根源――が断たれてしまっていることへの痛みや憂いを知りつつ、それぞれ何ができるのかをともに模索したのです。

会議が始まって四日目に行われたNHKによるインタビューのなかで、鈴木格禅さんは「いろいろな国からいろいろな宗教の方が……一堂に会して、そこで発言されることが、申し合わせたように、表現のしかたが多少違いますけれども、同じことを目指して言っている。これは一つの驚きでしたですねえ」と述べています。「同じこと」とは何かという問いに対して格禅さんは「大地、もしくはその地下水と言いますかねえ、地下の根のところ」の重要性を真剣に受け止めてそれに取り組んでいることだと答えます。

葛西實さんも、参加者が「根の意識」という共通の問題意識を持ちつつ、その根が潰され切られている痛みを覚えつつ、それを世界的な視野からどのように受け止めていくかという課題にみなが真剣に取り組んでいた、と語りました。

参加者たちは、一週間にわたって単にわかちあったり対話をしたりしたわけではありません。朝には共に沈黙の時をもち、共に食卓を囲み、共に稲刈りをし……と、生活を共にしました。

実際にマレー・ロジャースさんは、九月会議での経験を「あなたの友人達の一団の中で、一週間（もう少し長くさえ）すごすことを許され、散歩し、共に坐禅し、共に食べ、時には一緒にお風呂に入り、会話の中でお互いをわかちあうのと同じ位、何もしないで共にいました。……私が、今まで参加した、主に言葉や概念や話によって成る会議よりも、はるかに深いものでした」と振り返っています。

マレーさんの言う「何もしない」というのは、単にみんなでぼーっとしていたということではありません。「あれしよう、これしよう」と具体的な目標やプログラムを定めてそれを合理的にこなすことを離れ、相手の存在を自分のうちに感じつつ、多くを話さずとも深い次元で何かを共感しあうことを意味しています。

九月会議を振り返って

先にもふれたように、この九月会議では共同声明や宣言といったことは行われませんでした。参加者一人ひとりは、この集まりで培われたものを自らの深いところで受けとめながらそれぞれの場へと戻っていきました。

九月会議がおわってしばらく経ってから、参加者からの手紙が何通か高森草庵に届きます。どれも九月会議への想いがつづられたものでした。その一部をここでご紹介しましょう。

集まりは、非常に真剣なものだった。長時間、歴史の中に隠されている「声」を聴き、すべての人々の必要に応えんとする瞑想と祈りについやされた。討論は静かであったが、緊迫にみちていた。我々は、現代の世界の危機情況に対して、外《ほか》ならぬ我々自身が、多くの仕方で責任をもっていることを、ますます自覚するようになった。個人的回心と人類のいたみにもっと深くあずかることの必要が、あらゆる方面からの声としてあった。

（ジェイムズ・キャンベルさん、『九月会議』、266頁）

——聴くことの本質的な必要。人類の叫びに耳を傾けること。貧困にうちひしがれた人類の大多数の人達や抑圧された人達の叫びに、あらゆる所にいる人々の悲しみや苦しみに、私がどこにいようとも、最も単純に私に最も近い人々に、聴くこと。

（マレー・ロジャースさん、『九月会議』、276頁）

このように、九月会議に集った人々は、それぞれの想いを互いにわかちあうなかで、自分が「語る」ことにも増して「聴く」こと、特に世界で苦しみや抑圧のなかにある人々の叫びに耳を傾けることの大切さを実感したのです。

九月会議がわたしたちに問いかけているもの

では九月会議はわたしたちに何を残し、何を問いかけているのでしょう。

一つ目は、世界で苦しみや抑圧のなかにある人――根を潰されようとしている人――の声を聴くことの大切さでしょう。世界では今も戦乱や暴走する現代文明によって、あるいは良心的な行いをするがゆえに迫害されたり抹殺されたりする人々がいます。わたしたちは決して遠い彼方にいるわけではありません。わたしたちの身近にも、親や家族からの暴力に苦しんでいる子、性的マイノリティーであることを家族や周囲に受け止めてもらえずつらい想いをしている子、いじめを受けている子のために立ち上がり逆に自分がひどいいじめに遭っている子がいるかもしれません。

日々の忙しさにあっては、そうした状況を知ることも難しくなり、そうした人の存在に気づけなくなります。しかし、苦しむ人たちの声や叫びを「聴く」こと、あるいは「聴こうとする自覚」をわたしたちがもってそのことに心を寄せることにより、世界のさまざまな出来事も周りの人たちの困難や苦しみももはや他人事《ひと》ではなくなり、自らの出来事となることを九月会議はわたしたちに告げます。

二つ目は、聴いて知ることは、実際に何らかの言動へとわたしたちを促すということでしょう。九月会議に集った人々には、その人自身が政治的・権力的構造によって迫害された人や命を狙われた人も多くいました。しかしそれでも弱い人々のために、世界に真の平和が実現するようにとの想いから自分に托された働きを続けています。

わたしたちも多くの限界を抱えながら生きていますが、自分が置かれている場でできることを小さなことから一つひとつ行うことへと招かれています。

九月会議において、押田さんは次のように語りました。

今、霊に生きる人々は、祈りと生活の中で、みな一つになって悪魔に対して戦わなければならないのです。

そのためには、

一、今の世界の単純理念的学問や単純論理的技術の傲慢と空虚さをはっきりと自覚し、

二、根のない観念ことばとそれにまつわる幻想を、そしてそれらの観念や幻想の現象化であるすべてのものを、日常的に否定しつづけていかねばなりません。

このような自覚と否定の具体化の中にだけ、具体的に道は開けるのです。

（『九月会議』、243頁）

何よりも、一人ひとりが、わたしたちを生かしめる「根」に立ちかえり、根を潰す幻想を自覚してそれを否定することが求められているのでしょう。

二〇二一年は九月会議からちょうど四十年の年でした。それにあたり、自身

も九月会議に参加したスマナ・バルアさんは「九月会議から今年で四十年を迎える。押田さんや参加者が私たちに残してくれたものを振り返り、今のわたしたちが何をすべきかを考えるべきではないか」と言いました。

四十年という月日がたったものの、九月会議の参加者が危機感を覚えていたものは解決されるどころかむしろ深刻になっています。九月会議における声や響きは、今も絶えず問いを世界に投げかけ、根に向かうことへとわたしたちを促しています。

＊九月会議で話されたことは、後に『九月会議』という本にまとめられました。現在は絶版になっていますが、重要な部分が『押田成人著作選集2　世界の神秘伝承との交わり　九月会議』（日本キリスト教団出版局、二〇二〇年）に収録されていますので、ぜひお読みください。

第4章　現代文明との闘いと思索の深まり

ここでは押田さんがどのように現代文明と向き合い、それが彼の思索や思想にどのような深まりや影響をもたらしたのかをともにたどります。

I　現代文明との闘い

みなさんは、泉や湧き水を見たことがありますか？　岩などの間からこんこんと湧き出でる水はとても清らかで、それを口に含むだけで何かからだのなかにエネルギーや気が充ちる思いがします。

この章で扱う、押田さんにおける「現代文明との闘い」や「思索の深まり」は、この湧き水——地下水——、そしてその水が流れている「地下流」と深くかかわっています。押田さんは、身近にある泉の水をとおしてその二つの事柄を深めていったからです。

現代文明とは？

まずは「現代文明」について少し考えてみましょう。章のタイトルにある「現代文明との闘い」ということばを見て、驚かれた方もいるでしょう。「現代文明は科学技術や経済を発展させ、それによってわたしたちは便利で豊かな生活をしているのに、どうしてその現代文明と闘うの？」と。

確かに近代以降、現代文明や科学技術の発展によって、わたしたちは多くの恩恵を享受してきました。それらがあるからこそ、インターネットを通じて世界の人々とつながることもできますし、医学や薬品の発達によって多くの人々

水俣病闘争
主に一九六〇年代末から七〇年代にかけて、水俣病被害者が原因企業や行政の責任を問い、被害補償を訴えた運動。熊本水俣病の場合、石牟礼道子『苦海浄土』を契機の一つとして、その運動は全国化された。水俣

のいのちも救われます。

一方で現代文明は、次のようにもあらわされます。「人類が作り上げてきた現代文明は、自然界での約束事である生存・発展の基本的ルールを十分に理解せず、結果として基本的ルールに沿わないまま、これまでゲームを続けてきたようなものだ」（『平成七年度版　環境白書』「むすび」より）。つまり、現代文明が負の側面や多くの功罪をもはらんでいることも一つの事実なのです。それらとして、工業化を支えるために用いられる石油や石炭といった資源の乱用や環境破壊、質の大切さよりも数量を消費することに価値をおく大量消費社会といったものがあげられます。

その結果としての地球温暖化や気候変動に危機を覚えた、スウェーデンに生きるグレタ・トゥンベリさんがたった一人で金曜デモを始め、それがあっという間に世界に広がったことはみなさんの記憶に新しいと思います。また日本においては、熊本などにおける水俣病闘争も現代文明がはらむ問題への応答の一

病の被害を訴え、闘いつづける人は現在もいる。

端を示していると言えるでしょう。

押田さんも現代文明に危機を覚えて闘った人でした。しかしそれは単に環境破壊や経済社会に疑問や問題を覚えていたからではありません。対決せざるを得なかったのは、現代文明がもたらす表面的な問題に異議を唱えたからではなく、それが「根を潰し」「一人ひとりのかけがえのなさを奪う」ものであったから、さらに言うならば「人間を超える『悪』の根拠地」が現代文明にあるからでした。

数量化や合理化が叫ばれ、それらが加速するなかにあっては、人々、特に社会的に弱い立場にある人や、子どもや障害のある人の声といったものは潰され、排除されます。まさにそうした小さな声を潰す動きや働きに、押田さんは人を超えてはたらく「魔の手」を覚え、それに容赦なく切り込んでいったのです。

しかし押田さんは現代文明そのものをすべて否定したわけではありません。あくまで現代文明を動かしている精神（幻想）と向き合っていったのです。

私は、現代文明そのものが魔の世界で、全部捨てなくちゃいけないと言っているわけじゃなくて、その精神〔幻想〕を全部捨てなさいと言っているわけです。

（『遠いまなざし』、158頁）

押田さんと現代文明との闘いは、特に高森草庵の近くにある「小泉」（44頁以下参照）をめぐる「水裁判」、そして「ゴルフ場増設工事差し止め訴訟」や「別荘地への町上水道給水差し止め訴訟」、不動産会社によるゴルフ場計画に対する反対運動等によって具体的に展開されました。

そこで、それらの出来事にふれながら、押田さんと現代文明との闘いを見ていきます。

裁判等の経緯

ここで扱う裁判等は、すべて「水」をめぐるものであったと言えます。高森草庵で自給自足の生活を営んでいた押田さんや村人にとって、小泉などの水は生きる上で何より大切なものでした。日々その水を飲み、かつその水によって田んぼで稲作にとりくみ、農業を営んでいたからです。単に、近くの泉の水ということを超え、自分たちのいのちそのものと直結していたのです。だからこそ、泉の水をめぐる問題を放置したり無視したりすることは不可能でした。

またこれらの裁判は、単なる環境保全運動でも、地方のリゾート化に関する問題でもありませんでした。そこでは、経済や利便性が優先される現代文明における負の側面がまざまざと浮き彫りにされました。

まさに小さくされた一人ひとり——さらに人間だけでなく、動植物、水も含めたすべての生き物・環境——がかけがえのないものとして大切にされるために、押田さんは声を上げたのです。

高森草庵近くの小泉

まず「水裁判」と呼ばれる、小泉の水の売却をめぐる裁判は一九七九～八一年に行われました。

その発端は、一九七六年の春に小泉の水をある不動産会社に半分売却するという話が持ち上がったことでした。水の売却に反対する村人もいましたが、村の総会において水の売却が強行採決で可決されてしまいます。それを受けて、押田さんを中心とした人々が弁護士を通じて会社や村に水の売却中止を求め、村の総会において水の売却は一旦は否決されます。

その後、条件をもうけた上で再度水の利用について会社と交渉してみようとなります。その裏で村と会社で水売却の契約が秘密裡になされていたことが発覚したため、押田さんとその仲間は裁判所に仮処分申請を行い、二年半の審議を経て、一九八一年、長野地裁から小泉湧水及び流れの現状を変更してはならないという判決が出ました。これが「水裁判」と呼ばれるものです。

「ゴルフ場増設工事差し止め訴訟」や「別荘地への町上水道給水差し止め訴訟」は、準備期間を経て一九八九年に提訴してから九六年の正式和解まで、実に七年以上にわたって行われました。

それらは、富士見町によるゴルフ場増設の計画、そして、長野営林局が国有林内に造成を進める別荘地へ上水道を給水する計画が発覚したことによって始まりました。富士見町や同町長、国（営林局）を相手取り、体調がすぐれないなか押田さんが事実上の原告団長として裁判を闘いました。実際に自分の足で歩いて水質調査をするなど、まさに精魂を傾けた闘いでした。

水質調査のときに（中央が押田さん、右は弁護士の森田宗一さん）

結果、これらの訴訟は一九九六年十一月に富士見町等と正式和解をもって、事実上、押田さんら原告側の全面的な勝利で終結しました。また、この二つの訴訟と並行して反対運動を繰り広げた、不動産会社によるゴルフ場計画も、一九九九年六月に同会社が富士見町に「事業廃止計画書」を提出したことによって中止となりました。

「ゴルフ場増設工事差し止め訴訟」等の原告団弁護団の一人であった中平健吉さんは、この和解交渉を「審理の過程が住民訴訟のあるべき姿を実現した、いわば新しいモデルを示すものである点において、裁判所、弁護士、地方自治体の職員のみならず、広く一般住民の間に周知徹底するだけの値うちのあるものである」と言い表しています。この裁判が地方行政において憲法が保障する民主主義――行政も住民も対等な立場で話し合うこと――が具体的に根付いた事例であったことを中平弁護士は高く評価したのです。

「朝日新聞」や「信濃毎日新聞」をはじめとするメディアがこの住民訴訟を大きく取り扱ったことからも、この裁判に対する注目度の高さがうかがえます。

押田さんは裁判等を闘うなかで大切にしていたことがありました。それは、小さな声、すなわち苦しんでいてもなかなか普段は隠れてしまい声をあげることができない人の声や痛みを、かけがえのないものとして受け取り、自らが担って届けるということでした。

それは、押田さんのこのようなことばからもよくわかります。


村の公会堂から真暗闇の夜中の道に出たとき、補聴器をした農夫が私に手を差し出しました。

「先生、よかったよ！　俺んとこは水しもで、今でもとても困っているんだ」

しっかりと手を握り返しました。隣の牧場の主人が送ってくれるというので自動車に近づくと、婦人が走り寄って私の片腕を両手で握りながら、心の奥底から押し出されるような声でいいました。

「先生、ありがとうございました!!」

いつも何も言えないで、ただ黙々と働いている貧しい農民の実在が、かちんと私につき当たりました。


（I巻、164頁）

……この間一人の方が亡くなったんです。一緒に働いていたおばあちゃんですが、この方が亡くなって、その葬式の最後の列の後を歩いていたとき、もう一人のおばあちゃんが泣きながら飛んできました。先生、この形見、あのおばあちゃんの形見を受け取ってくれと。それはきれいな紙に心をこめて包まれた一〇円玉でした。そのおばあちゃんたちが今何も言えないでいることを知っております。言えばいじめられること。水の裁判で勝訴したときに言い難きいじめを受けたこと。語ることもできない、思い出すだけで身の毛がよだつという、私もだから聞きませんでした。そういう状況の中で、こういう一〇円玉によっておばあちゃんたちは叫んでいるんです。村人たちは本当は叫んでいるんです。先生、水を守ってくれ。ふるさとを守ってくれ。私はそういう人たちの真心を黙殺することはできないのであります。

（一九九二年十二月十八日　押田成人「本人調書」〔裁判記録〕10〜11頁）

このように、力関係のなかでことばを奪われ沈黙を余儀なくされた人の声、声をあげればいじめられる人の声を自らの声として言挙げしながら押田さんは裁判を闘いました。

その経験は、「九月会議」にも影響を与えたと言えます。「九月会議」には、世界各地で小さな人々の痛みを覚え、そうした一人ひとりと連帯している人が集いました。裁判をとおして押田さん自身が現代文明がもたらす受難やその犠牲者に実際に出逢っていたからこそ、「九月会議」において深い次元でそうした出来事をわかちあうことができたのです。

さきほど挙げた裁判のような問題は、形は違えども、現在も世界や日本各地にあります。環境破壊を暗黙の了解としたうえで経済活動を優先させ、そのしわ寄せを弱い立場の人々に押し付けるということは今もわたしたちの身近なところで起こっています。さかんに叫ばれてきた日本の経済成長のために、一体いくつの村がダムの底に沈み、どれだけの人々が放射能汚染の被害にあったことでしょうか。わたしたちは、そうした犠牲の上に成り立つものを知らぬ間に享受しています。

「もっと便利に」「もっと儲けたい」と自分たちの利益のために開発をすすめる人間たちによって多くの自然が破壊され、そのなかにあって水や山、動植物たちはただ静かにその受難や苦しみに耐えています。

今もわたしたちの身近なところに痛みを覚えている人は必ずいますし、物言わぬ生きとし生けるものも声をあげているはずです。「みなさんの近くには苦しんでいる人がいることに気づいていますか？　その人々の声や、痛みをともなう声、泣き声が聞こえていますか？」──押田さんはわたしたちにそう問うているのではないでしょうか。

Ⅱ　思索の深まり

こうした現代文明との闘いを象徴するような裁判での経験や九月会議は、押田さんの思索に深みや広がりを与えてゆきました。ここでは、一九八三年に刊行された『遠いまなざし』、翌年刊行された『九月会議――世界精神指導者緊急の集い』、そして一九八六年に刊行された『地下水の思想』という押田さんの本を手がかりに、それらを見てゆきましょう。

遠いまなざし

最初に「遠いまなざし」にふれてみたいと思います。「遠いまなざし」と聞いたとき、みなさんは何を思い起こすでしょう。何かを遠くから見るということでしょうか、あるいは自分を遠くから見ている何かでしょうか。

押田さんが言う「遠いまなざし」とは、あるものごとや出来事を全体から見ること、つまり自分の視点だけから間近で見るのではなく、少し離れてさまざまな角度から俯瞰《ふかん》的に見ることを言っています。

例えば美術館で絵を観るとき、タッチや微細な色合いを確認するときには、まず絵に近づいて観ますね。その後、絵から離れてその作品を改めてながめる

高森草庵のあたりから見える山の峰

と、まったく違う姿をもって私たちに迫ってきます。山を見るときも同様です。その山を目前にすると木や岩といったものしか見えませんが、ずっとずっと離れたところからながめてみると、その山の全体的な姿や周りの風景のなかにあるその山の姿が見えてきます。

わたしたちの日常にもそうしたことは起こります。本当はA高校に行きたかったのに落ちてしまった。そのときは残念で仕方なかったけれど、B高校に行ったからこそすばらしい友人や先生に出逢えたということもあります。A高校に不合格だったことだけを取り上げると単なる残念な出来事となりますが、もっと他の視点から見るとまったく異なる見え方や意味を帯び、あらたな物語がそこに生まれてきます。

そうした遠いまなざしを持ち、出来事やものごとを全体からながめられるようになると、目先の現象の世界に生きないようになる、と押田さんは言います。わたしたちも自分に起こった出来事を遠いまなざしをもってさまざまな視点から思いめぐらすことで、自らの本当の姿に新たな気づきを得ることができるのです。

自らの変容と回心

また裁判での経験や九月会議は、押田さん自身に大きな気づきと心の変容をもたらしました。九月会議を振り返るなかで押田さんは次のように語りました。

九月会議の終結の集まりのとき、咸錫憲さんが、最後のことばとして謝罪のことばを述べられました。

「決して差別をしてはいけない場所で、決して差別をしてはいけない時に、この宗教はいい、とか、これは未だ、とか差別をしていました。自分で知らぬうちに。本当に申し訳ありませんでした。どうか赦して下さい」

そして私は自分の前でそれを聞きながら、一人のカトリック隠生〈観想〉修道尼が、ぽろぽろと涙を流しているのを見ていました。山の岩を打ち挫《くじ》く最後の鑿《のみ》の一打ちによって開いた穴から、地下流が滾々《こんこん》と溢れ出るのを見ている思いがしました。

（「ただ深みに向けて漕ぎゆく」『湧』一九九八年一月号、15頁）

さらに押田さんは「従来、政治、経済、文化、科学、教育などの各分野の責任者たちを、そのながめ、行動に対して批判してきた私共自身が、実は同じながめ、同じ精神の中に生きてきたことを確認するにいたった」「『現代人類の昂《たかぶ》り、と同じ昂りの根が、私自身の中に在ること。そしてその根が如何に深いか、ということを味わわせていただいたことに、限りない感謝の涙を禁じ得ない』と、一修道女が告白したとき、こ

『九月会議』を眺める咸錫憲さん（左）と森田宗一さん（右）（104頁参照）

の集まりの一つの頂点が感じられた」とも述べます（『九月会議』5頁）。

つまり、自分たちは各界で立場ある人々の行動や考え方を批判してきたけれど、実はわたしたちのなかにもそうした人々と同じ自我の昂りや人を踏みにじる片鱗があることに気づかされた、と言っているのです。

このように、この世界に危機をもたらしている側が悪であり、自分たちはそれに抵抗しているから正義で善だという、どちらかを絶対悪にする考え方や二項対立構造の考え方に押田さんはとどまっていません。「自分たちこそが正しい、上に立っている」というのではなく、自分たちのなかにも悪が根を張っていることを自覚した上でそれに向き合っていたのです。

〝表面的に善・悪の立場に分かれることはあっても深いところでは共通しているところがあり、誰もが善も悪も自分のなかに持っている。まずは、現代文明を糾弾する前に、現代文明がはらむ奢《おご》りや昂りを知らずしらず持っている、い、い、い、い、い、い、い、自分自身が回心しなければならない〟――九月会議はそうした気づきを押田さんに与えたのでした。

まさに現代文明との闘いというのは、それを担う人々との闘いにとどまらず、自分のなかにあるよどみ、すなわち自身に巣食う昂りやおごり――自我――との闘いともなりました。しかしそのことがその思索を豊かにし、醜い自分に直面するという苦しみをとおして押田さんにさらなる深みをもたらしていったのです。

「地下流」に生きるとは

最後に、この章のはじめで少しふれた「地下流」をながめてみましょう。この「地下流」ということばを押田さんが用いだしたのは、主に水裁判や九月会議を経てからでした。

押田さんは、水裁判を闘うなかで行った地質や水質調査において目には見えないものの脈々と流れる八ヶ岳山麓の水脈に出逢います。その経験から、キリスト教や仏教、イスラム教やヒンドゥーの底に流れるすばらしいもの（神秘伝承）もまるで地下流のようだ、そしてそれらの地下流は流れあってゆくのだとの自覚をより深めていったのでしょう。

実に地下流は、自らの流れはそれとしながら、自らとは異なる地下流とも響きあい、互いを含みあいながら流れてゆく――実際の体験や経験をとおして押田さんはそうした「地下流」という表現を体得し、培っていったと言えるのです。

ここで、押田さんの言う「地下流」をいくつかのながめから見つめてみましょう。

まず「地下流」は隠れたものである、と言えます。地下流は地中の奥深くにあるため、わたしたちはそれを見ることができません。「人にかくれて流れて行けよ　同じお水の命のひびきよ」ということばからも、押田さんは「地下流」は見えないどこかに流れているものであると捉えていたことがわかります。

しかし地下流は隠れっぱなしなのではありません。人や出来事をとおして、地下流からあふれる水に、わたしたちは実際に自分が生きるなかで出逢うのです。それは、先ほど引用した文（129〜130頁参照）で、修道女の涙から地下流が滾々《こんこん》と溢れ出ていた、と押田さんが述べていることからもわかります。

押田さんは、この地下流に出逢うためのものとして「根に向かうこと」「遠いまなざしをもつこと」を挙げます。具体的には、「無から始め、自分で作り食べ生きること」「苦労すること、具体的なかかわりのなかで悩むこと」「自分の手を使うこと」「土にふれること」といったことです。

すなわち、苦労しながらも根源的なものにふれ、自分や自分に起こることをさまざまな視点から思いめぐらしつつ深めていくことが、地下流や地下流に生きる人に出逢う始まりになるというのです。

そして地下流に生きることとは、おのずからこの世の価値観や、名誉・富・名声といったものから離れ、自我の表れともいえる自己中心主義、物質主義、論理主義、数量主義の幻想から完全に抜け出すことになる、とも押田さんは言います。

慰霊林

ここで、一九八〇年に高森草庵に設けられた「慰霊林」についてもふれたいと思います。「慰霊林」は今も高森草庵で大切にされているものの一つであり、主に第二次世界大戦中に犠牲になった人々を覚えて祈るための場所です。

そこには、何本かの木の柱が立てられており、その一本いっぽんの木の元に「日本政府の植民地政策による韓国同朋犠牲者の霊位」「第二次世界大戦時、侵攻日軍により虐殺された東南アジア同朋犠牲者の霊位」といったことばが刻まれています。

押田さんは、この「慰霊林」を作りたいとの思いを九月会議より以前からもっていました。その思いは、南京大虐殺の現場や、友人である中村徳郎さんが亡くなったとされるフィリピンのレイテ島（28頁参照）、ホロコーストが起きたアウシュ

慰霊林にある、地球の上に乗った十字架の幼きイエスを抱くお釈迦さまのご像（5頁参照）

慰霊林にある碑

ヴィッツといった、戦争において犠牲の現場になった場所を訪れ、現地の人々と対話を重ねるなかで多くの方の怒り、憎しみ、そして痛みを知ることにより、深まっていったと言えます。

さらに、ヨーロッパの教会等で戦争の犠牲者のために祈りをささげる際に、自分の国の犠牲者のためには祈っても、相手国の犠牲者のことがそこに出てこないことに気づいたのも、慰霊林がもたらされた一つの動機でした。

そうした押田さんの経験から、この慰霊林はおのずから生まれたのです。

慰霊林の中央には、次のように刻まれた詩碑が立っています。

「限りなきなみだの海に消えず立たなむ」

「限りなきなみだの海」とは、戦争の犠牲者の涙と彼らを思う涙の海です。しかし、その限りない悲しみの前に消えるのではなく立ち続けよう、という覚悟、この悲しみを忘れずに平和や和解へ向けて歩もう、という決意がここには示されています。

現代文明のなかに生きるわたしたちへのメッセージ

これまで見たように、身近なところにある泉をめぐる問題（水裁判）に直面するなかで、押田さんは現代文明がもたらす脅威、そしてかけがえのなさを潰すもの――「悪」や「魔の手」――に出逢い、それらと闘うこととなりました。

現代文明がもたらす問題と闘うとき、押田さんは自己主張をするために社会活動をしたわけではありませんでした。それらの問題に向き合い抵抗していくなかで、その問題の根にあるものが自分にもあることに気づき、何より自分のおごりや昂りから離れなければならないとの思いを持って自らを深めてゆきました。地下流の流れをさえぎって断とうと社会に立ち現れる「悪」や「魔」に

回勅
ローマ教皇が、司教を通じて全信徒に宛てる文書。

アシジのフランチェスコ
一一八一年頃～一二二六年。フランシスコ会の創立者。修道士として、徹底した清貧に生きた。「太陽の賛歌」などで知られる。

耐えられなくなったからこそ、おのずからそれと対決し、闘うようになっていったのです。そしてそのことによって、まさに「地下流からの溢れ」が流れ出て、彼の思索として結実していったのです。

最後に、押田さんによる「魔の手」との闘いに呼応していると言える、教皇フランシスコによる回勅『ラウダート・シ――ともに暮らす家を大切に』と、押田さんが「いのちの織物」という題をつけて訳したものの一部をご紹介したいと思います。

『ラウダート・シ』は、「わたしの主よ、あなたは讃えられますように」というアシジのフランチェスコの賛歌の冒頭からそのタイトルがとられています。教皇フランシスコは、母なる大地や兄弟である太陽、姉妹である月、星、地水火風、死さえもが主である神を讃えることを歌い上げるその賛歌をあげつつ、技術主義が支配して資本主義や軍事独裁体制が自然や弱い人々を虐げる現代社会に向けて警鐘を鳴らします。フランチェスコの精神を思い起こして心を改めるよう呼びかけるそのことばは、まさに押田さんの叫びと響きあっていると言えるでしょう。

一方の「いのちの織物」は「シアトル酋長の演説（Chief Seattle Speech）」として知られ、一八五四年ごろにアメリカの先住民であるシアトル酋長が、「楽に暮らせる代替地を用意するから、あなた方赤い人の土地を買い上げたい」との要求に迫られるなかで紡いだことばであると言われます。

赤い人にとって大気はかけがえのないものです。だってすべての存在が――動物も木も人間も――同じ息吹を分かち合っているのですよ。我々は知っています。大地は人に帰属せず、人は大地に帰属する、ということを。……人間が生命の織物を織ったのではありません。彼はただ、織物の中の一本のより糸にしかすぎません。

この大地は神にとってかけがえのないものです。この大地を害することは、その創造者への軽蔑《けいべつ》を積み重ねることです。白い人も亦亡《またほろ》んでゆくでしょう。多分他のすべての民族達より速やかに。寝床を汚染し続けるなら、或晩、自分自身の屑溜《くずため》の中で窒素死するでしょう。

もし我々の土地をあなた方に売るなら、我々がこの土地を愛したように愛してやってください。……神が私共みんなを愛したもうように！


「白い人」による収奪の歴史は、今日まで世界的な規模で続いています。

今、私たちが生きている時代は、環境破壊、地球温暖化、自国中心主義の強まり、他国への侵攻など、本当に先が見えない時代です。その状況は、押田さんが生きていたときよりもさらに深刻になっているのではないでしょうか。

「今だけ、金だけ、自分だけ」とのことばが語られ、実際にそうした生き方をする人が多いなかにあって、押田さんは「今だけではないもの、金だけではないもの、自分だけではないもの」の大切さを告げ、そこへわたしたちをいざなっています。

第5章　闘病と晩年

この章では、押田さんの晩年、特に天に召されるまでの最後の十年の歩みを見てゆきたいと思います。その十年において押田さんは、遺言ともいえるようなことば、そして彼のそれまでの歩みがすべて注ぎこまれているともいえる作品（福音書の翻訳）を残しました。

彼が残した説教にもふれつつ、それらのものをたどってみましょう。

世界を巡礼して

一九九四年から九五年にかけ、押田さんは世界をめぐる旅にでます。

エルサレムにて

一九九四年には、インドの神学校やガンジーの生誕百二十五周年祭に招かれます。その後、ヨーロッパのドイツのイムスハウゼン共同体やポーランドのアウシュヴィッツに赴き、さらにベルギーやオランダの修道院では坐禅の指導を行います。

翌九五年は、まず一～三月には、九月会議にも参加したヴィシュダナンダ・マハテロさん（103頁参照）の葬儀のためにバングラデシュに行った後、緊張関係が続く中近東（イスラエル・パレスチナ・イラク）や中国で平和巡礼に参加します。さらに、慰霊のためにフィリピンのレイテ島に行きます。そして夏から秋にかけては、ローマで行われたイスラム教とキリスト教との対話に向けた国際会議に招かれ、ベルギーとオランダで坐禅の指導をしたのです。

これらからもわかるように、押田さんの世界をめぐる旅は観光旅行ではなく、平和を願う人々の間にまどいをつくるためのものであり、坐禅の指導や慰霊、世界平和のための巡礼の道行き――まさに地下流にひたり、地下流に出逢う道

イムスハウゼン共同体
ドイツのイムスハウゼンにあるプロテスタントの共同体。第二次世界大戦中に

は、ヒトラーへの抵抗運動にも関わった。

行き――だったのです。

おそらく押田さんも、それらを自らの使命として自覚していたからこそ、忙しくからだの不調を抱えながらも、一つひとつの招きを断らず引き受け、出逢いの風に運ばれながらその役割を果たしたのでしょう。

本格的な闘病生活へ

このように短期間のうちに海外へ赴く間にも、押田さんは日本における長崎・広島の巡礼に参加したり、黙想指導を行ったりしていました。さらには同時期に、前にふれた「ゴルフ場増設工事差し止め訴訟」や「別荘地への町上水道給水差し止め訴訟」（118頁以下参照）を闘っていました。

そうした多忙なスケジュールは、元々病気を抱えていた押田さんのからだをむしばみ、ついに一九九六年一月には心臓が異常をきたして、本格的な闘病生活が始まります。

一九九六年二月に高森草庵の仲間に宛てた文章に、押田さんはこのように記しています。

私としては、これを起縁として隠生に入り、人生最後の段階に入ることかと自覚しております。ただ托された御旨、主の示されたことを主とのみにて生きる時が来たと感じております。

とに角、少《すくな》くとも福音書とは本当はどういうものなのか、ということについて遺言書をのこすこと、霊的生活とは、本当にどういうものなのかを自ら生き直し始める……などをし残している最小限の事として考えております。

……今迄の押田神父は一度埋葬いたしましょう。（Ⅲ巻、152〜153頁）

このように〝自分を埋葬する〟と宣言し、いよいよ日々の喧騒《けんそう》をはなれて神さまとともに歩むときがきたことを内外に知らせました。実際これ以降、押田さんが公の場にでることはほとんどなくなり、天に帰る日を見据えつつ病とともにある日々が始まったのです。

そのなかにあって押田さんは、先ほどの文章にもあった「福音書」の翻訳や「霊的生活」について記すことを自らの遺言をのこす作業と位置づけ、それらに取り組むことになります。

聖書の翻訳

「新約聖書」には、イエスの生涯と彼のことば、行いをつづった「福音書」と呼ばれる書物が四つ収められています。「マタイによる福音書」「マルコによる福音書」「ルカによる福音書」「ヨハネによる福音書」という福音書すべては、聖書が書かれた当時広く用いられていたギリシャ語で記されました。

押田さんはそれら四つの福音書をすべて自分で原語のギリシャ語から日本語に翻訳し、『漁師の告白（ヨハネ聖福音書――神のみ手との出会い）』『一人の若者の観ていたコト（マルコ聖福音書）』『税吏の悟りとながめ（マテオ聖福音書）』『医師のことほぎの書（ルカ聖福音書）』という題によって、思草庵から刊行します。

『漁師の告白』に箱書きをしているところ

特に押田さんが力を注いだのは、ヨハネによる福音書の翻訳でした。心不全で幾度も入退院を繰り返し、苦しさを覚えながらの作業でした。

それを読むと、押田さんのことばや思索の豊かさや深みが遺憾なく発揮されていることがわかります。ここでは実際に『漁師の告白（ヨハネ聖福音書——神のみ手との出会い）』からいくつかの箇所を取り上げ、ともにながめながら押田さんのことばを味わうことにしましょう。

無生に、かかわりの御言《みこと》が在《いま》す。その御者《おんもの》は、隠れ身《かむい》さまに向かって在り、そして隠れ身《かむい》さまである。

すべてはこの御者によって生まれ起こった。生まれ起こったことのうち、この御者なしに生まれ起こったことは一つもない。

この為手《して》なる御者の裡に、おいのち在り、おいのちは人々の光なので
あるが、光は無明《むみょう》に照っても、無明はこれに届かなかった。
（ヨハネ1・1、4〜5）

まるで能の謡《うたい》のことばのようです。同じ箇所を『聖書　新共同訳』で読んで
みましょう。

初めに言《ことば》があった。言は神と共にあった。言は神であった。
……言の内に命があった。命は人間を照らす光であった。光は暗闇の
中で輝いている。暗闇は光を理解しなかった。

これらを読んでわかるのは、一般的に「神（さま）」と呼ぶ存在を押田さんが「隠れ身《かむい》さま」とあらわしていることです。神さまは隠れて働いておられるという実感をもっていたからなのでしょう。

また、「御言／御者」（原語のギリシャ語では「ホ・ロゴス」）ということばには「日本語では、かかわる主体を手という。話し手、聞き手」という注を付け、実際にイエスさまが私たちにかかわりつつ働いていらっしゃることを示そうとしていることがわかります。

そして、「無生」「無明」という仏教のことばを用いていることから、押田さんが仏教やさまざまな地下流からそのことばを汲み上げていることがうかがえます。

もう一か所は、押田さんがよく学生などとも読んだという、ヨハネ福音書17章の17、26節です。

> まことのうちに彼を聖ならしめて下さい！　あなたのかかわりのみ手はまことです。
>
> ……私はあなたの御名を彼らに知らせました。そして更に知らせましょう。私を大切にされた御心が彼らのうちに在り、私もまた彼らのうち

に在るために！

押田さんは、通常「真理」と訳される部分を「まこと」とした上で「まことは真事であり、誠である」との注を付けています。つまり、本当のこと、かけがえのない「コト」（56頁以下「コトことば」参照）こそが真理、すなわちまことだということなのでしょう。

さらに一般的に「愛」とされる部分を「大切」と訳した上で「アガパオーというギリシャ語は普通愛すると訳すのであろうが、日本語の愛という言葉はあまりにあいまいで観念的である」との説明を付しています。日本で一般的に用いられる「愛」だと聖書が示す愛からかけ離れてしまうため、かくれキリシタンたちが神さまの「愛」をあらわした「御大切」ということばを用いたのでしょう。

押田さんにとって聖書を訳す作業は、単なる翻訳作業にとどまりませんでした。深いいのりのうちに聖書と向き合うなかで、自分の我に直面しながらも浄められていったであろうことが、次のことばからうかがえます。

聖書の世界と出会うためには、我々の歩みゆく方向は逆なのである。自らの手で捉え、解ろうとすることを断念することから出発しなければならない。そして、すべて我の匂いを去る方向へ歩みゆかねばならない。何故なら、聖書の伝承の示しているものは、そういう我の匂いを去った人々に、彼岸から与えられた、神のめぐみのながめなのだからである。

（『漁師の告白』思草庵、二〇〇三年「まえがき」より）

説教

では次に、そうした聖書を押田さんがみんなに実際にどのように解き明かしたのかを、彼の「説教」をとおしてながめてみましょう。数ある説教のなかから、ここでは押田さんらしさが表れている、ヨハネ福音書15章8〜15節に関する説教を取り上げたいと思います。

結婚式のミサで行われたこの説教を、押田さんは「小さな自己主張をするためならば、結婚をしなくてもよろしい」という、聞いている人がドキッとするようなことばではじめ、続けて「結婚というのは互いの体を大事にするということだけではない。互いのこころを大事にしなければならない。……しかし心を大切にするだけならば結婚をしなくてよろしい。『お大切』というのは、人間のお大切というのは、もっと限りなく深いものです」と述べます。

結婚というのは、単に一緒にいられて幸せといったものではなく、その歩みのなかには裏切りという出来事もあるかもしれない。でも、結婚というのは本人たちにも気づかないような限りなく深いものがあるものであるから、お互いにその深みからの神秘に耳を傾けなさい、その声を聞くときにこそふたりは一つとなることができます。そしてお互いに仕え合うこと、それこそが「仕合わせ――幸せ――」なのですよ、と言うのです。

ここで紹介したのは結婚式のミサでの説教ですが、押田さんは高森草庵で行われていた普段のミサの説教でも、単に聖書の解説をするにとどまりませんでした。草庵で生じるさまざまなこと、特に人間同士のいざこざ、田んぼ仕事や畑仕事で起こるぶつかり合いなどにふれながら、それらの問題に、自分や他人を傷つける自我の刃がどのように現れているのか、さらにはそれをどのように聖書の光のもとで捉え矯《た》めてゆくのかといったことを説いたのでした。

「ひとり　ひとり　心得べきこと」

病床に臥せった後、押田さんは高森草庵に集う人たちのために文章を残します。それが「ひとり　ひとり　心得《こころう》べきこと」です。一九九七年から二年間にわたってつづられたその文章は、押田さんがみんなに「最後に伝えたいこと」がギュッと詰まっている遺言的なものであるといえます。

またその内容は、自分の歩みのなかに神さまがどのように働いてくださったのか、出逢いのなかで覚えた尊い流れ、私たちのなかに潜む自我や傲《ごう》についてなど、多岐にわたっています。

その文章は、次のようなことばによって始まります。

私たち人間の我の傲《ごう》の、限りなき深さにもかかわらず、聖旨〔神さまのおもい〕は、無償に溢れる御慈しみにより、御摂理のうちに現成します。しかし、そのためには、私たちひとりひとりが、我の傲に死に、より現実に、新しい息吹き、新しいながめの中へと歩み行かねばなりません。

（Ⅲ巻、154頁）

このことばは、まさに押田さんが自身の歩みをあらわす結晶のようなことば、すなわち「証し」でした。

先にも見たように、荒浜の海岸でおぼれた二十代のときやその後再び病を得るなかで死の危険を感じたときに「自分の我」を明確に覚え、そこから押田さんの自我との闘い、そして自我を浄めていただく道行きが始まりました。その歩みは実に自分の努力や意志によるものではなく、おのずから与えられた多く

の人々との出逢いなどによってもたらされる「無償に溢れる御慈しみ」であり、一呼吸一呼吸の息をとおしていただいた神さまからの恵みにほかならなかった、と押田さんは告白しているのです。

また、さまざまな問題や困難に直面するなかで自分の傲慢さに直面し、自身それを神さまの助けを願いつつあけ放ってゆくなかで、新たな風やすばらしい出逢いがもたらされた、だからこそみんなにもそうした歩みをしてほしい――押田さんは自分の歩みを振り返りながら、わたしたちにそのように告げます。

そうした「自我から離れる」歩みをするためのヒントとして、押田さんはこのように言います。

新しい時空に席をひらく鍵は、各自の心にあらわれる新しい霊的動機であります。

（Ⅲ巻、154頁）

霊的動機――その人をかけがえのない、まことの世界へと導くもの――が、そうした新たな歩みへいざなう、というのです。押田さんは、「……してはいけない」という規則を守ることや、あるいは「人からほめられたい、評価されたい」という気持ちによって行動している限りにおいてはそれはもたらされない、「たとえばボランティアであっても、それが自己実現のためのものであるならば意味ない」と述べます。

また押田さんは、「自我」に関してこのような印象的なことばも残しています。

ただ原爆反対ということが、いろんな形で自我に結びつくことも可能なんですね。オレたちの平和運動だ、とかね。それが自分たちの自我の表現になっているってことにたいていの場合気づかないんですね。そこに気づかせるものが、要するに霊的世界からのはたらきなんであってね。

（Ⅱ巻、171頁）

つまり、平和を願う運動やよかれと思ってほかの人のためにすることでさえも、動機を誤ってしまうと単なる自己中心的なもの――自我の運動――になってしまうというのです。

世界や社会、あるいは学校や身近な人間関係のなかで起こる問題にかかわるとき、特に「悪（者）」とされる側を厳しく責め立てるときには、まず自分のこころを見つめなさい、「自分は正しく間違っていない、あの人が絶対おかしいんだ!!」「あんな国や団体などなくなったほうがいい！」と言うとき、あなたのこころは何を主張しようとしているのですか？　自分や自分の知識、あるいは自分が属しているものの正しさですか？　あなたの捉え方は絶対に間違っていないものですか？　知らないうちに自分も加害者になっていませんか？　悪とされている側、苦しんでいる側、つらい目に遭っている人を知りつつも何もできない自分に絶望している人……、さまざまな立場からその出来事をすこし異なる目線でながめると、どのようなものが見えてきますか……？

まさに、「遠いまなざし」（127頁以下参照）の心をもって押田さんは私たちにそう語りかけているようです。

天に召されるまでの日々

先ほどもふれたように、九六年に「自らを葬る」と言ってから、押田さんはほぼ沈黙の状態に入ります。あれだけ多くのひとに「ことば」を通じてかかわっていた押田さんが沈黙したのです。

しかしその沈黙は単なる「ことばの喪失」だったわけではなく、押田さんの深みをさらに豊かにするものとなりました。そのことは、「殺せ！　殺してくれ！」とまで叫ぶほどの筆舌《ひつぜつ》に尽くしがたい肉体の苦しみにあった押田さんが、キリストの十字架を担う受難の世界の果てに放った、透明かつ単純でありながらも深い光を内包したことばからうかがえます。

病床にて

神さまのよろこびとされることを選んで、組織してよろこぶことではないんですね。神さまのよろこびを、よろこびとしていくことです。隠れに隠れて、深みで一つになって、神さまのよろこびを生きることなんですよね。

（二〇〇三年十月二十五日）

神さまはすばらしい！　神さまはすばらしい！……
神さまを賛美する！　神さまを賛美する！　神さまを賛美する！……
アーメン。アーメン。アーメン。

——たどたどしいことばで、歌うように、楽しそうに

（同年十一月五日〈帰天前日〉）

これらのことばからは「概念」や「観念」の匂いはまったく感じられず、自分からも解放された自由にして光にみちた世界がそのなかにひらかれていることが感じられます。

その光の照らしのうちに、すべてを神さまの御手にゆだねながら、押田さん

は二〇〇三年十一月六日、最後の息《いのり》を神さまに明け渡し、八十一年の地上での旅を終えました。

葬儀ミサは十一月十一日に慰霊林において行われました。参列者の多くはその式を思い起こす度に、土砂降りであったにもかかわらず、聖体拝領（キリストの体であるパンとぶどう酒をいただく儀式）のときには不思議と雨があがって虹がかかったことを印象深く語ります。

押田さんの死を悼み、ドミニコ会の後輩である井原彰一《しょういち》さんは次のような詩を作りました。

四十年前に初めて高森でお会いした時から
昨年秋までの師の息づかいを想いつゝ……

秋の終わりのころであった。
霊に導かれ、神を求めた一人の男が

高森の土にかえった。
すすきが風になびいていた。
土手には名もない花がひっそりと
ひっそりと咲いていた。
小さな男であった。
小さな、小さな息を
そっと神にかえした。

高森草庵のお聖堂の傍《かたわ》らに押田さんは土葬され、今もその地に眠っています。

押田さんが残したもの

これまでご一緒に見てきたように、押田さんが私たちに残したことはあまたあります。そうしたなかでもあえてあげるとするならば、ことばや書物をとおしてたびたびわたしたちに語った「深みへの旅へのいざない」「地下流との出逢い」であると言えるでしょう。

実に押田さんは、自分の生涯や姿そのものをとおしてそれらを最もよくあらわしました。地下流に生きている人たちとの思いがけない出逢いやコトことばが拔《ひら》く出来事に招かれ、それらのなかで自我が浄められていくなかで、押田さん自身が深みに運ばれていく旅路を歩んだのです。

まさに押田さんの生き方そのものが、地下流に生きること、深みに向かうことの「証し」――ドミニコ会における「説教」――でした。

今も高森草庵には多くの旅人がおとずれ、農作業やいのりをともにしながら深みへの道行きを歩みつづけています。

どうかみなさんも、思わなくに深みに向かう旅を続けてください。風に運ばれ「地下流」へと乗《じょう》ぜられてゆく旅路において、やがてどこかでみなさんにめぐりあえますように。

押田成人　略年表

詳しい年表は、『押田成人著作選集3　いのちの流れのひびきあい
――地下流の霊性』232頁以下の「押田成人　略歴」をご覧ください。

年	主な出来事
一九二二（大正一一）年	一月十五日、父・忠一さんと母・よねさんの五男として、横浜・生麦に生まれる。六人兄姉の末っ子。旧制府立第一中学校、旧制第一高等学校で学ぶ。
一九四三（昭和一八）年	ヘルマン・ホイヴェルスさんと出逢い、十月、吉満義彦を代父に受洗（洗礼名　アウグスティヌス）。十二月、応召し、陸軍予備士官学校卒業後、暁部隊（陸軍船舶司令部）へ転出。甲子園にて終戦を迎え、除隊。
一九四六（昭和二一）年	東京大学文学部哲学科で哲学を学ぶ。
一九四八（昭和二三）年	宮城県荒浜海岸で遊泳中におぼれ、仮溺死体となる。肺壊疽を発症し、東北大学付属病院、国立宮城療養所で療養生活を送る。以後、生涯闘病生活を続ける。

一九五一（昭和二六）年 ～六一（昭和三六）年	東京大学を卒業し、ドミニコ修道会での歩みを始める。五五年四月三十日に仙台修道院にて荘厳誓願を立てる。ベルナール・タルトさんに導かれながら修道生活を送り、その後カナダで神学を学ぶ。六一年四月、司祭叙階。
一九六二（昭和三七）年 ～六四（昭和三九）年	六二年に日本に帰国。右肺の部分切除手術の後、長野県富士見町の小池医院に転院。結核療養者の間にひとつのまどいが生まれ、高森草庵の歩みの核となる。退院後、高森の観音堂に住む。「高森草庵」の生活が始まる。
一九六七（昭和四二）年	神奈川県大磯で開かれた、第一回「禅とキリスト教懇談会」に出席（これが後の「九月会議」に影響を与える）。
一九六八（昭和四三）年	十二月八～十五日、バンコクにおける、東洋の霊性とカトリックの観想修道会に関する国際会議に出席し、トマス・マートンさんと出逢う。
一九七一（昭和四六）年	インドでアビシクタナンダさん、マレー・ロジャースさん、ヒンドゥーの聖者と出逢う（この経験が地下流の覚醒となり、高森草庵の典礼や霊的あり方に影響を与える）。

一九七三（昭和四八）年～七五（昭和五〇）年	イスラエル、レバノンでアラブ人、ユダヤ人、パレスチナの先住民等と交流し、対話する。ベトナム、香港にも赴き、韓国では威錫憲さんに出逢う。七五年、ハンガリー出身の版画家ヨゼフ・ドミヤンさんとアメリカで出逢う。
一九七七（昭和五二）年	香港、カナダ、アメリカ、フィリピンを訪問する。
一九七八（昭和五三）年	高森近くにある小泉を守るため、小泉の水売却停止を求める仮処分申請を村人や同志と行う（いわゆる「水裁判」。八一年に完全勝訴の判決）。
一九八一（昭和五六）年	九月二十三～三十日、「九月会議」（世界精神指導者緊急の集い）が高森草庵で開かれる。その後、内外の霊的指導や執筆活動に生涯携わる。
一九八三（昭和五八）年	この年から翌年にかけて、中国の地下教会やアフリカのガーナ等を訪問。
一九八八（昭和六三）年	高森草庵近くにゴルフ場を増設・建設する計画、別荘地へ町上水道を給水する計画への反対運動を始める。告訴、控訴を経て、九六年に和解。

一九九〇（平成二）年	高森草庵に念願の慰霊林を作る。
一九九四（平成六）年	インド、ドイツのイムスハウゼン共同体、アウシュヴィッツ、ベルギー、オランダ等を訪問。また、十一月から一九九五年八月にかけて、「平和と生命の諸宗教合同巡礼（アウシュビッツ―ヒロシマ）」の要所要所に参加。
一九九五（平成七）年	一〜三月にバングラデシュ、中近東（イスラエル・パレスチナ、ヨルダン、イラク）、六月には中国、フィリピン（レイテ島）、広島、長崎を訪問。八月にはイスラム教とキリスト教対話のための国際会議（於・ローマ）に招かれ、九月にはベルギーとオランダを訪問。
一九九六（平成八）年	年頭に入院。これ以後公の場に出ることができなくなり、闘病生活に入る。病床で四福音書をギリシャ語から私訳してゆく。
二〇〇三（平成一五）年	十一月六日、闘病生活の末、死去。享年八一歳。十一月十一日、高森草庵慰霊林にて葬儀ミサが行われ、草庵内に土葬される。

むすびとひらき

押田さんとともに歩む旅は、いかがだったでしょうか？

わかりづらかった部分やもっと丁寧に知りたいところもあったかと思いますが、この本を閉じたときに、みなさんのこころのなかに何か「一つ」でも響くものが残っているようでしたら、この上ないよろこびです。

そして、もしその一つ――ドミニコ会のモットーでいう「観想の実り」――があるならば、どうかそれを深く味わいつつ多くの方に伝えていっていただければうれしく思います。


この作品（本）は、多くの方のご協力のもとに編まれました。

ご自身にとってかけがえのない押田さんの思い出を快くお寄せくださった国内外のみなさん、貴重な時間を割いてともに苦闘しつつ原稿作成に取り組んでくださった石井智恵美さん、加藤愛美さん、この本を作るきっかけをもたらしてくださりかつ原稿を読んで多くのアドバイスをくださった白田《はくた》浩一さん、原稿についてさまざまな視点からご意見をくださった山田風太《ふうた》さん、そして祈りをもってこの働きを支えてくださった高森草庵の家族をはじめとするおひとりおひとりに、こころからの感謝と祈りの花束を深くささげます。

「もっと押田さんを知りたい！」という方は、ぜひ「押田成人著作選集」（1〜3巻、日本キリスト教団出版局、二〇二〇年）や、思草庵から出されている押田さんの本などを読んでいただければと思います。（「押田成人著作選集」については日本キリスト教団出版局や各地のキリスト教書店に、思草庵の本については高森草庵にお問い合わせください。）

そして、〝ポケットに手を突っ込んで口笛を吹きながら〟、押田さんとともに深みへの旅をぜひこれからもたのしんでください。

高森草庵は、そのまどいがうまれてから今年で六十年という「とき」を迎えます。この「とき」はどのようなしるしをもたらすことでしょうか。

押田さんを天に送ったときと同じ秋風が吹きはじめたようです。草庵の冬支度も、そろそろはじまることでしょう。

押田さんをずっと導き続けた風が、高森草庵やそこに集う人々、そしてこの本を読んでくださった方に息吹くことを想い、願いつつ。

二〇二四年　霜月

草庵の散華《さんげ》耀《かがよ》う紅葉《もみじば》にうつる異《あだ》しの師の姿を想いつつ

この本を編んだ人のひとり　宮本久雄

〈付録〉「祈りの姿に無の風が吹く」より

教育でも、コンピューター教育ということが言われていますけれども、人間性とか人間の関わりの姿にマイナスの点が出るんじゃないか、ということをよく観察し、よく考えてからでないと結論を出さないよ、というような考え方が、日本ではまだ一般的にありますね。それは存在感覚に結びついているから、無を生きる人との対話に道が開いているわけですね。それはひとつの明るい面ではありますね。

いまの医学でも、無を生きる立場からすると、非常に傲りが見えるわけですが、逆に、存在の神秘性というものに本当に感動しながら、ひれ伏しながら対話をしてゆくという態度が、もし医学の主流になれば、これはすばらしいことです。

物理学でもそうだと思います。いわゆる人間の知性の業の立場からだと、すべての存在は主体か客体かに分かれていて、すべての存在は並立していて、すべての存在はいまあるすべての類型の中で捉えられるという見方をするわけだ。これはまったく人間の業の見方であって、無の立場からすればそうではない。

すべての存在はかけがえのないまま響き合っていて、含み合っていて、そして論理なんていう立場でとうてい捉えきれない存在の神秘を全体で生きていると。しかも、ひとつひとつがかけがえのない歴史を負った姿で、その歴史の中での対話なんだ。宇宙の何百億年という、その重みがいま、その存在との対話の中にあるんだと。

だから、たとえばひとつの原子なら原子というもの、あるいは分子というものから、なにかを取り出して、そこから抽象して、何か自分の目の前に見せようとか、他に組織しようとかいうことは、無の立場からはこれは考えられないことなんです。この宇宙の存在、関係というものは、そんなことができるはずはないんです。それを人間の業の立場から無理に行なったひとつの結果が、原子爆弾ですよね。それはおぞましいものであって、真理でもなんでもない。

本当の存在に対して、その神秘に畏敬を持ちながら、しかも関わるというまごころ、まことの態度に呼応して、そのとき自然のあからさまな姿が現われるはずであって、自分で何でもわかるんだというような業と高ぶりの前に、自然があからさまな真実など現わすはずはないんです。その業の姿、心にふさわしい姿しか出てこないんです。やはり、人間は自分の存在があるようにしか、見えない。

だから原子爆弾を作ったということは、そういう心を持っていたってことなんです。その動機がすごくおぞましかったということです。それは現実の事実ですよね。

無に生きる者の立場からすれば、そういうことをはっきりと見せて言うことですね。そういう意味では、本当に無を生きる人達が出ることは、現代にとっては、最も緊急なことであり、無に生きる人が少ないことは、最も嘆かわしいことだと思いますね。ただ私は、民衆の中には無を生きる者の声を聞きたいという耳がますます現実に深まっているということを感じます。

同時にね、核兵器や原子爆弾にしても、おぞましいものが政治的にあるいは経済意志的に、計画的、政策的に、非常にはっきりと出てきているんじゃないかと思います。そうすると、人類全体が、やっぱり、無に開かれた世界に矯正されざるを得ない。彼らが人類を、一般の人達を、そういう方に矯正していくだろうと。これからは無を生きる人との対話ということが起こらざるを得ないだろうと思います。

お経にしても、般若心経の注釈をしている有名な教授たちが書いた本が最近いろんなところから出ていますが、あれは無を生きる言葉ではなくて、無について頭で考えた言葉だ。あんなものいくら読んだって、ちっとも般若心経にはなりません。

そういう無を生きる世界についての解説があまりにも多すぎて、人々は、変な錯覚をするようになっちゃうんじゃないですか。全然違う世界なんですけどね。それを学問という名において、無について語る世界に権威を持たせるんですね。それについて報酬を与えるんであって、本当に無を生きる人たちへの報酬というのはないんですね。

農業についても、流行に惑わされずに、ひとつひとつのかけがえのない存在の、かけがえのない声との対話を続けてゆく。そういうところにも、もし無を生きている人であれば、学者にないような発見があるでしょうね。それは本当の意味での知性だし、そういう意味での学問になってくれば、なんというか、楽天的な気持を学問に持てるわけですよね。

(押田成人「祈りの姿に無の風が吹く」『祈りの姿に無の風が吹く』地湧社、一九八五年所収)

〈付録〉「不思議な流れ」より

水にも風にも、木の葉のさざめく音にも、流れがあります。虫の声は丸く響いて流れます。流れのない突発的な音は、私達の心を驚かせます。その突発的な音が、無内容な、ただ作られた音だと、疲れさせます。

流れる音と突発的な音の、音のすがたはそのまま存在するもののすがたです。すべての存在には、流れるすがたと突発的なすがたとがあります。

流れの中で流れをつくる音は、突発的なようでも、まろやかさをもっています。心臓の鼓動にはまろやかさがあります。星のしじまにこもる生命の音は、限りない天空とこだまするのです。逆に言えば、はるかな天空は人の生命の幽かな音と呼応するのです。

（中略）心というものは、感覚に執着してくると流れがよどんできて、生気が消えてきます。そんな時、つまり低い時は、有難いことに心は重さを感じるようになります。この重さこそは恵みであって、この重さの中に自由を喘ぎ、この窒息の中に新鮮な空気を求める態度を、謙遜な態度というのではありますまいか。不思議なことに、人間はこの重さに執着するばかりか、この重さを誇ることさえ出来るのです。ここに詩人の傲慢が始まります。しかし、天罰てきめんと申しまして、この傲慢と共に虚構の姿勢、嘘の構えが始まるのです。言葉というものは便利に出来ていて、かなりごまかせるものなのですが、さすがに、まことの言葉を語る人の目をごまかすことは出来ません。言葉の遊戯は、何とも悲しく、むなしいものです。

停滞の重さを感じると申しても、ここでは心が自らのうちに感じる閉じられた世界の意識のことではありません。人間の心の奥の方には不思議な流れが生まれるようです。そうしてその流れるものこそが、この重さを与えるのではありますまいか。

人間の心は、ただ自分独りで勝手に流れる流れではありません。感覚の流れ、感情の流れと並行して流れるものでもありません。それは、耳に聞こえる世界に養われながら、養いながら流れてゆく世界であります。

それがもう一つの心の流れと交わったとき、この、耳に聞こえる世界との交感はもっと豊かになりましょう。共同の体験ということは、全く同じことを体験するということではなしに、共同の体験といわれる現実を介して二つの心の流れの間に、養われ、養う交わりがあらわれることでしょう。この豊かさが文化と呼ぶものの実体です。

心の流れは、愛し愛されることを学んだとき、もっと揺れ動いて流れるかもしれません。そのような時、すべての感覚や感情の流れをやさしさで包むことを、もっと深く学ばねばならぬかもしれません。人間は弱い者ですから、感覚への執着が積ってきて、心の停滞の重さをもっと切実に感じるようになるかもしれません。そのような時、人間はそんなに力があると思ってはならないのです。そのような時、唯一の頼りとなるものは、心の奥の不思議な流れではないでしょうか。その不思議な流れは、そんな機会に、もっと豊かな自由を啓示してくれたり、そして少なくとも、もっと優しさを確かなものとしてくれたりいたします。だからそのような時は、もっと深く希望しなければならないのです。

人間の生命の音の幽かなまろやかさが、優しく復活するのも、永遠のことのように天空の星空との交感が続けられていることを悟るのも、そういう時でありましょう。いいえ、その交感は成熟してゆくのであります。

そしていつか、まるく、幽かな、突発的な音が限りなくひろびろと聞こえることがあったならば、それが愛なのだろうと思ってください。

愛は、音のない世界に深く根を張っています。しかし、それは何かの折に、内的感覚にふれましょう。この、音の聞こえない世界と、音の聞こえる世界とのよすがを、神様は御自分からお与えになりました。このよすがを、秘めごと――秘蹟《ひせき》――と申します。

時と所とを超え、深淵に向かって深まりゆく心さながらに、山の藍をにじませて山麓をくだる流れは、地表の四隅にこだまを与え、確かなこだまは、新しい流れの泉、を開いてゆくことでしょう。

（押田成人「不思議な流れ」『藍の水』思草庵、一九七七年所収）

〈この本の編者〉

宮本久雄（みやもと・ひさお）

1945年新潟県生まれ。20歳のころに押田さんや高森草庵と出逢い、洗礼を受ける。押田さんと同じドミニコ会に入り、カナダやイスラエル、フランスで聖書やキリスト教について遊学した後に司祭となり、聖書や教父などを教える。今も高森草庵をたずねつつ、押田さんや高森草庵の精神を学問的に表現しようと孤軍奮闘中。好きなことばは「渓流のごとく」、心に残る押田さんとの思い出は「朝のミサ、聖書の集い」です。

石井智恵美（いしい・ちえみ）

1960年東京生まれ　学生時代に押田神父や高森草庵に出逢う。日本や韓国やドイツで神学を学んだ後、教会の牧師をしつつキリスト教思想などを教える。今も度々高森草庵を訪れ、畑仕事や田んぼ仕事をしている。好きなことばは「すべてのことに時がある」、心に残る押田さんの思い出は「子どものような無邪気な押田さんの笑顔と、祈りの時の限りのない深淵の姿」です。

押田成人　遊行の巡礼者

2024年12月20日　初版発行

編者………… 宮本久雄、石井智恵美

発行………… 日本キリスト教団出版局

〒169-0051　東京都新宿区西早稲田2-3-18

電話・営業03（3204）0422、編集03（3204）0424

https://bp-uccj.jp

印刷・製本… ディグ

ISBN 978-4-8184-1183-8　C0016

Printed in Japan